8958,

LE
BON SENS.

LE BON SENS,

OU

IDÉES NATURELLES

OPPOSÉES AUX

IDÉES SURNATURELLES.

Detexit quo doloso vaticinandi furore sacerdotes mysteria, illis sæpe ignota, audacter publicant.

PETRONII SATYRICON.

A LONDRES.

M. DCC. LXXIV.

PRÉFACE.

Quand on veut examiner de sang-froid les opinions des hommes, on est tout surpris de trouver que, dans celles mêmes qu'ils regardent comme les plus essentielles, rien n'est plus rare que de leur voir faire usage du bon sens, c'est-à-dire, de cette portion de jugement suffisante pour connoître les vérités les plus simples, pour rejeter les absurdités les plus frappantes, pour être choqué de contradictions palpables. Nous en avons un exemple dans la théologie, science révérée, en tout temps, en tout pays, par le plus grand nombre des mortels; objet qu'ils regardent comme le plus important, le plus utile, le plus indispensable au bonheur des sociétés. En effet, pour peu qu'on se donne la peine de sonder les principes sur lesquels cette science prétendue s'appuie, l'on est forcé de reconnoître que ces principes, que l'on jugeoit incontestables, ne sont que des suppositions hasardées, imaginées par l'ignorance, propagées par l'enthousiasme ou la mauvaise foi, adoptées par la crédulité timide, conservées par l'habitude qui jamais ne raisonne, & révérées uniquement parce qu'on n'y comprend rien. Les uns, dit Montagne, font accroire au monde qu'ils croient ce qu'ils ne croient pas; les autres, en plus grand nombre, se le font accroire à eux-mêmes, ne sachant pas pénétrer ce que c'est que croire.

En un mot, quiconque daignera consulter le bon sens sur les opinions religieuses, & portera dans cet examen l'attention que l'on donne communément aux objets qu'on présume intéressants, s'appercevra facilement que ces opinions n'ont aucun fondement solide; que toute religion est un édifice en l'air; que la théologie n'est que l'ignorance des causes naturelles réduite en système ; qu'elle n'est qu'un long tissu de chimeres & de contradictions ; qu'elle ne présente en tout pays, aux différents peuples de la terre, que des romans dépourvus de vraisemblance, dont le héros lui-même est composé de qualités impossibles à combiner ; son nom, en possession d'exciter dans tous les cœurs le respect & l'effroi, ne se trouvera qu'un mot vague que les hommes ont continuellement à la bouche sans pouvoir y attacher des idées ou des qualités qui ne soient démenties par les faits, ou qui ne répugnent évidemment les unes aux autres.

La notion de cet être sans idées, ou plutôt le mot sous lequel on le désigne, seroit une chose indifférente, si elle ne causoit des ravages sans nombre sur la terre. Prévenus de l'opinion que ce fantôme est une réalité très-intéressante pour eux, les hommes, au lieu de conclure sagement de son incompréhensibilité, qu'ils sont dispensés d'y songer, en concluent au contraire qu'ils ne peuvent assez s'en occuper, qu'il faut le méditer sans cesse, en raisonner sans fin, ne jamais le perdre de vue : l'ignorance invincible où ils sont à cet égard, loin de les rebuter, ne fait qu'irriter leur curiosité : au lieu de les mettre en garde contre leur imagination, cette ignorance les rend décisifs, dogmatiques, impérieux, & les porte à se fâcher contre tous ceux qui opposent quelques doutes aux rêveries que leurs cerveaux ont enfantées.

Quelle perplexité quand il s'agit de résoudre un problême insoluble ! Des méditations inquietes sur un objet impossible à saisir, & que pourtant il suppose très-important pour lui, ne peuvent que mettre l'homme de très-mauvaise humeur, & produire dans sa tête des transports dangereux. Pour peu que

PRÉFACE.

l'intérêt, la vanité, l'ambition viennent se joindre à ces dispositions chagrines, il faut nécessairement que la société soit troublée. Voilà pourquoi tant de nations sont souvent devenues les théatres des extravagances de quelques rêveurs insensés qui, prenant ou débitant leurs spéculations creuses pour des vérités éternelles, ont allumé l'enthousiasme des princes & des peuples, & les ont armés pour des opinions qu'ils leur représentoient comme essentielles à la gloire de la divinité & au bonheur des empires. On a vu mille fois dans toutes les parties de notre globe des fanatiques enivrés s'égorger les uns les autres, allumer des bûchers, commettre sans scrupule & par devoir les plus grands crimes, faire ruisseler le sang humain. Pourquoi ? pour faire valoir, maintenir ou propager les conjectures impertinentes de quelques enthousiastes, ou pour accréditer les fourberies de quelques imposteurs sur le compte d'un être qui n'existe que dans leur imagination, & qui ne s'est fait connoître que par les ravages, les disputes & les folies qu'il a causés sur la terre.

Dans l'origine les nations sauvages, féroces, perpétuellement en guerre, ont, sous des noms divers, adoré quelque Dieu conforme à leurs idées, c'est-à-dire, cruel, carnassier, intéressé, avide de sang. Nous retrouvons dans toutes les religions de la terre un Dieu des armées, un Dieu jaloux, un Dieu vengeur, un Dieu exterminateur, un Dieu qui se plaît au carnage, & que ses adorateurs se sont fait un devoir de servir à son goût. On lui immole des agneaux, des taureaux, des enfants, des hommes, des hérétiques, des infideles, des rois, des nations entieres. Les serviteurs zélés de ce Dieu si barbare ne vont-ils pas jusqu'à se croire obligés de s'offrir eux-mêmes en sacrifice à lui ? Par-tout on voit des forcenés qui, après avoir tristement médité leur Dieu terrible, s'imaginent que pour lui plaire il faut se faire tout le mal possible, & s'infliger en son honneur des tourments recherchés. En un mot, par-tout les idées sinistres de la divinité, loin de consoler les hommes des malheurs attachés à leur existence, ont porté le trouble dans les cœurs & fait éclorre des folies destructives pour eux.

Comment l'esprit humain, infesté par des fantômes effrayants, & guidé par des hommes intéressés à perpétuer son ignorance & ses craintes, eût-il fait des progrès? On força l'homme de végéter dans sa stupidité primitive; on ne l'entretint que des puissances invisibles desquelles son sort étoit supposé dépendre. Uniquement occupé de ses alarmes & de ses rêveries inintelligibles, il fut toujours à la merci de ses prêtres, qui se réservèrent le droit de penser pour lui & de régler sa conduite.

Ainsi l'homme fut, & demeura toujours un enfant sans expérience, un esclave sans courage, un stupide qui craignit de raisonner, & qui ne sut jamais se tirer du labyrinthe où l'on avoit égaré ses ancêtres: il se crut forcé de gémir sous le joug de ses dieux qu'il ne connut que par les récits fabuleux de leurs ministres: ceux-ci, après l'avoir garroté par les liens de l'opinion, sont demeurés ses maîtres, ou bien l'ont livré sans défense au pouvoir absolu des tyrans, non moins terribles que les dieux, dont ils furent les représentants sur la terre.

Ecrasés sous le double joug de la puissance spirituelle & temporelle, les peuples furent dans l'impossibilité de s'instruire & de travailler à leur bonheur. Ainsi que la religion, la politique & la morale devinrent des sanctuaires dans lesquels il ne fut point permis aux profanes d'entrer, les hommes n'eurent pas d'autre morale que celle que leurs légiſlateurs & leurs prêtres firent deſcendre des régions inconnues de l'empirée. L'eſprit humain embrouillé par ſes opinions théologiques, ſe méconnut lui-même, douta de ſes propres forces, ſe défia de l'expérience, craignit la vérité, dédaigna ſa raiſon, & la quitta pour ſuivre aveuglément l'autorité. L'homme fut une pure machine entre les mains de ſes tyrans & de ſes prêtres qui ſeuls eurent le droit de régler ſes mouvements : conduit toujours en eſclave, il en eût preſque en tout temps & en tous lieux les vices & le caractere.

Voilà les véritables ſources de la corruption des mœurs, à laquelle la religion n'oppoſe jamais que des digues idéales & ſans effet ; l'ignorance & la ſervitude ſont faites pour rendre les hommes méchants & malheureux. La ſcience, la raiſon, la liberté peuvent ſeules les corriger & les rendre plus heureux ; mais tout conſpire à les aveugler & à les confirmer dans leurs égarements ; les prêtres les trompent, les tyrans les pervertiſſent pour mieux les aſſervir ; la tyrannie fut & ſera toujours la vraie ſource, & de la dépravation des mœurs, & des calamités habituelles des peuples : ceux-ci, preſque toujours faſcinés par leurs notions religieuſes ou par des fictions métaphyſiques, au lieu de porter les yeux ſur les cauſes naturelles & viſibles de leurs miſeres, attribuent leurs vices à l'imperfection de leur nature, & leurs malheurs à la colere des dieux : ils offrent au ciel des vœux, des ſacrifices, des préſents pour obtenir la fin de leurs infortunes, qui ne ſont réellement dues qu'à la négligence, à l'ignorance, à la perverſité de leurs guides, à la folie de leurs inſtitutions, à leurs uſages inſenſés, à leurs opinions fauſſes, à leurs loix peu raiſonnées, & ſur-tout au *défaut de lumieres*. Que l'on rempliſſe de bonne heure les eſprits d'idées vraies ; qu'on cultive la raiſon des hommes ; que la juſtice les gouverne : & l'on n'aura pas beſoin d'oppoſer aux paſſions la barriere impuiſſante de la crainte des dieux. Les hommes ſeront bons quand ils ſeront bien inſtruits, bien gouvernés, châtiés ou mépriſés pour le mal, & juſtement récompenſés pour le bien qu'ils auront fait à leurs concitoyens.

En vain prétendroit-on guérir les mortels de leurs vices, ſi l'on ne commence par les guérir de leurs préjugés. Ce n'eſt qu'en leur montrant la vérité qu'ils connoîtront leurs intérêts les plus chers, & les motifs réels qui doivent les porter au bien. Aſſez long-temps les inſtructeurs des peuples ont fixé leurs yeux ſur le ciel, qu'ils les ramenent enfin ſur la terre. Fatigué d'une théologie inconcevable, de fables ridicules, de myſteres impénétrables, de cérémonies puériles, que l'eſprit humain s'occupe de choſes naturelles, d'objets intelligibles, de vérités ſenſibles, de connoiſſances utiles. Que l'on diſſipe les vaines chimeres qui obſedent les peuples, & bientôt des opinions raiſonnables viendront d'elles-mêmes ſe placer dans des têtes que l'on croyoit pour toujours deſtinées à l'erreur.

Pour anéantir ou ébranler les préjugés religieux, ne ſuffit-il pas de montrer que ce qui eſt inconcevable pour l'homme ne peut lui convenir ? Faut-il donc autre choſe que le ſimple bon ſens pour s'appercevoir qu'un être incompatible avec les notions les plus évidentes ; qu'une cauſe continuellement oppoſée aux effets qu'on lui attribue ; qu'un être dont on ne peut dire un mot ſans tomber en contradiction ; qu'un être qui, loin d'expliquer les énigmes de l'univers, ne fait que les rendre plus inexplicables ; qu'un être

PRÉFACE.

à qui depuis tant de siecles les hommes s'adressent si vainement pour obtenir leur bonheur & la fin de leurs peines : faut-il, dis-je, plus que le simple bon sens pour reconnoître que l'idée d'un pareil être est une idée sans modele, & qu'il n'est évidemment lui-même qu'un être de raison ? Faut-il plus que le sens le plus commun pour sentir du moins qu'il y a du délire & de la frénésie à se haïr & se tourmenter les uns les autres pour des opinions inintelligibles sur un être de cette espece ? Enfin tout ne prouve-t-il pas que la morale & la vertu sont totalement incompatibles avec les notions d'un Dieu que ses ministres & ses interpretes ont peint en tout pays comme le plus bizarre, le plus injuste, le plus cruel des tyrans, dont pourtant les volontés prétendues doivent servir de regles & de loix aux habitants de la terre ?

Pour démêler les vrais principes de la morale, les hommes n'ont besoin ni de théologie, ni de révélation, ni de dieux : ils n'ont besoin que du bon sens : ils n'ont qu'à rentrer en eux-mêmes ; à réfléchir sur leur propre nature ; consulter leurs intérêts sensibles ; considérer le but de la société & de chacun des membres qui la composent ; & ils reconnoîtront aisément que la vertu est l'avantage, & que le vice est le dommage des êtres de leur espece. Disons aux hommes d'êtres justes, bienfaisants, modérés, sociables, non parce que leurs dieux l'exigent, mais parce qu'il faut plaire aux hommes : disons-leur de s'abstenir du vice & du crime, non parce qu'on sera puni dans l'autre monde, mais parce qu'on en porte la peine dans le monde où l'on est. Il y a, dit un grand homme, des moyens pour empêcher les crimes ; ce sont les peines : il y en a pour changer les mœurs ; ce sont les bons exemples (*).

(*) Montesquieu.

La vérité est simple, l'erreur est compliquée, peu sûre dans sa marche & remplie de détours ; la voix de la nature est intelligible, celle du mensonge est ambiguë, énigmatique, mystérieuse ; le chemin de la vérité est droit, celui de l'imposture est oblique & ténébreux ; cette vérité toujours nécessaire à l'homme est faite pour être sentie par tous les esprits justes ; les leçons de la raison sont faites pour être suivies par toutes les ames honnêtes ; les hommes ne sont malheureux que parce qu'ils sont ignorants ; ils ne sont ignorants que parce que tout conspire à les empêcher de s'éclairer ; ils ne sont si méchants que parce que leur raison n'est pas encore suffisamment développée.

LE BON SENS.

§. I.
Apologue.

Il est un vaste empire gouverné par un monarque dont la conduite bizarre est très-propre à confondre les esprits de ses sujets. Il veut être connu, chéri, respecté, obéi; mais il ne se montre jamais, & tout conspire à rendre incertaines les notions que l'on pourroit se former sur son compte. Les peuples soumis à sa puissance n'ont, sur le caractere & les loix de leur souverain invisible, que les idées que leur en donnent ses ministres; ceux-ci conviennent pourtant qu'ils n'ont eux-mêmes aucune idée de leur maître, que ses voies sont impénétrables, que ses vues & ses qualités sont totalement incompréhensibles: d'ailleurs ces ministres ne sont nullement d'accord entre eux sur les ordres qu'ils prétendent émanés du souverain dont ils se disent les organes; ils les annoncent diversement à chaque province de l'empire; ils se décrient les uns les autres, & se traitent mutuellement d'imposteurs & de faussaires; les édits & les ordonnances qu'ils se chargent de promulguer sont obscurs: ce sont des énigmes peu faites pour être entendues ou devinées par les sujets pour l'instruction desquels on les a destinées. Les loix du monarque caché ont besoin d'interpretes; mais ceux qui les expliquent sont toujours en disputes entre eux sur la façon de les entendre. Bien plus ils ne sont pas d'accord avec eux-mêmes; tout ce qu'ils racontent de leur prince caché n'est qu'un tissu de contradictions ; ils n'en disent pas un seul mot qui sur le champ ne se trouve démenti. On le dit souverainement bon, cependant il n'est personne qui ne se plaigne de ses décrets. On le suppose infiniment sage, & dans son administration tout paroît contrarier la raison & le bon sens. On vante sa justice, & les meilleurs de ses sujets sont communément les moins favorisés. On assure qu'il voit tout, & sa présence ne remédie à rien. Il est, dit-on, ami de l'ordre, & tout dans ses états est dans la confusion & le désordre. Il fait tout par lui-même, & les événements répondent rarement à ses projets. Il prévoit tout, mais il ne sait rien prévenir. Il souffre impatiemment qu'on l'offense, & pourtant il met chacun à portée de l'offenser. On admire son savoir, ses perfections dans ses ouvrages ; cependant ses ouvrages, remplis d'imperfections, sont de peu de durée. Il est continuellement occupé à faire, à défaire ; puis à réparer ce qu'il a fait, sans jamais avoir lieu d'être content de sa besogne. Dans toutes ses entreprises, il ne se propose que sa propre gloire ; mais il ne parvient point à être glorifié. Il ne travaille qu'au bien-être de ses sujets, & ses sujets, pour la plupart, manquent du nécessaire. Ceux qu'il semble favoriser sont, pour l'ordinaire, les moins satisfaits de leur sort ; on les voit presque tous perpétuellement révoltés contre un maître dont ils ne cessent d'admirer la grandeur, de vanter la sagesse, d'adorer la bonté, de craindre la justice, de révérer les ordres qu'ils ne suivent jamais.

Cet empire, c'est le monde : le monarque, c'est Dieu : ses ministres sont les prêtres : ses sujets sont les hommes.

§. 2.

Il est une science qui n'a pour objet que des choses incompréhensibles. Au rebours de toutes les autres, elle ne s'occupe que de ce qui ne peut pas tomber sous les sens. Hobbes l'appelle *le royaume des ténebres*. C'est un pays où tout suit des loix opposées à celles que les hommes sont à portée de connoître dans le monde qu'ils habitent : dans cette région merveilleuse, la lumiere n'est que ténebres, l'évidence devient douteuse ou fausse ; l'impossibilité devient croyable ; la raison est un guide infidele, & le bon sens se change en délire. Cette science se nomme *théologie*, & cette théologie est une insulte continuelle à la raison humaine.

§. 3.

A force d'entasser des *si*, des *mais*, des *qu'en sait-on*, des *peut-être*, on est parvenu à former un système informe, & décousu, qui est en possession de troubler l'esprit des hommes au point de leur faire oublier les notions les plus claires, & de rendre incertaines les vérités les plus démontrées : à l'aide de ce galimatias systématique, la nature entiere est devenue pour l'homme une enigme inexplicable ; le monde visible a disparu pour faire place à des régions invisibles ; la raison est obligée de céder à l'imagination, qui seule est en possession de guider vers le pays des chimeres qu'elle a seule inventées.

§. 4.

Les principes de toute religion sont fondés sur les idées de Dieu : or, il est impossible aux hommes d'avoir des idées vraies d'un être qui n'agit sur aucun de leurs sens. Toutes nos idées sont des représentations des objets qui nous frappent ; qu'est-ce que peut nous représenter l'idée de Dieu, qui est évidemment une idée sans objet ? Une telle idée n'est-elle pas aussi impossible que des effets sans cause ? Une idée sans prototype est-elle autre chose qu'une chimere ? Cependant quelques docteurs nous assurent que l'idée de Dieu nous est *innée*, ou que les hommes ont cette idée dès le ventre de leurs meres. Tout principe est un jugement, tout jugement est l'effet de l'expérience ; l'expérience ne s'acquiert que par l'exercice des sens : d'où il suit que les principes religieux ne portent évidemment sur rien, & ne sont point innés.

§. 5.

Tout système religieux ne peut être fondé que sur la nature de Dieu & de l'homme, & sur les rapports qui subsistent entre eux ; mais pour juger de la réalité de ces rapports, il faudroit avoir quelque idée de la nature divine : or tout le monde nous crie que l'essence de Dieu est incompréhensible pour l'homme, en même temps qu'on ne cesse d'assigner des attributs à ce Dieu incompréhensible, & d'assurer que l'homme ne peut se dispenser de reconnoître ce Dieu impossible à concevoir.

La chose la plus importante pour les hommes est celle qu'ils sont dans la plus parfaite impossibilité de comprendre. Si Dieu est incompréhensible pour l'homme, il sembleroit raisonnable de n'y jamais songer ; mais la religion conclud que l'homme ne peut sans crime cesser un instant d'y rêver.

§. 6.

§. 6.

On nous dit que les qualités divines ne font pas de nature à être faisies par des esprits bornés ; la conséquence naturelle de ce principe devroit être que les qualités divines ne font pas faites pour occuper des esprits bornés ; mais la religion nous assure que des esprits bornés ne doivent jamais perdre de vûe un être inconcevable, dont les qualités ne peuvent être faisies par eux. D'où l'on voit que la religion est l'art d'occuper les esprits bornés des hommes, de ce qu'il ne leur est pas possible de comprendre.

§. 7.

La religion unit l'homme avec Dieu, ou les met en commerce ; cependant ne dites-vous pas que Dieu est infini ? Si Dieu est infini, nul être fini ne peut avoir ni commerce, ni rapports avec lui. Où il n'y a pas de rapports, il ne peut y avoir ni union, ni commerce, ni devoirs. S'il n'y a pas de devoirs entre l'homme & son Dieu, il n'existe point de religion pour l'homme. Ainsi en disant que Dieu est infini, vous anéantissez dès-lors toute religion pour l'homme qui est un être fini. L'idée de l'infinité est pour nous une idée sans modele, sans prototype, sans objet.

§. 8.

Si Dieu est un être infini, il ne peut y avoir, ni dans le monde actuel ni dans un autre, aucune proportion entre l'homme & son Dieu ; ainsi jamais la notion de Dieu n'entrera dans l'esprit humain. Dans la supposition d'une vie où l'homme seroit bien plus éclairé qu'en celle-ci, l'infinité de

Dieu mettra toujours une telle distance entre son idée & l'esprit fini de l'homme, qu'il ne pourra pas plus le concevoir dans le ciel, qu'il ne le conçoit sur la terre. D'où il suit évidemment que l'idée de Dieu ne sera pas plus faite pour l'homme dans l'autre vie, que dans la vie présente. Il suit encore de là que des intelligences supérieures à l'homme, telles que les *anges*, les *archanges*, les *séraphins* & les *élus*, ne peuvent avoir de Dieu des idées plus completes que l'homme, qui n'y comprend rien du tout ici-bas.

§. 9.

COMMENT a-t-on pu parvenir à persuader à des êtres raisonnables que la chose la plus impossible à comprendre étoit la plus essentielle pour eux ? C'est qu'on les a grandement effrayés : c'est que quand on a peur, on cesse de raisonner : c'est qu'on leur a sur-tout recommandé de se défier de leur raison : c'est que quand la cervelle est troublée, l'on croit tout, & l'on n'examine plus rien.

§. 10.

L'IGNORANCE & la peur, voilà les deux pivots de toute religion. L'incertitude où l'homme se trouve par rapport à son Dieu est précisément le motif qui l'attache à sa religion. L'homme a peur dans les ténebres tant au physique qu'au moral. Sa peur devient habituelle en lui & se change en besoin ; il croiroit qu'il lui manqueroit quelque chose, s'il n'avoit rien à craindre.

§. 11.

Celui qui dès son enfance s'est fait une habitude de trembler toutes les fois qu'il entend prononcer de certains mots, a besoin de ces mots & a besoin de trembler : par là même il est plus disposé à écouter celui qui l'entretient dans ses craintes, que celui qui tenteroit de le rassurer. Le superstitieux veut avoir peur, son imagination le demande ; on diroit qu'il ne craint rien tant que de n'avoir rien à craindre.

Les hommes sont des malades imaginaires, que des charlatans intéressés ont soin d'entretenir dans leur folie, afin d'avoir le débit de leurs remedes. Les médecins qui ordonnent un grand nombre de remedes sont bien plus écoutés que ceux qui recommandent un bon régime, ou qui laissent agir la nature.

§. 12.

Si la religion étoit claire, elle auroit bien moins d'attrait pour les ignorants. Il leur faut de l'obscurité, des mysteres, des frayeurs, des fables, des prodiges, des choses incroyables qui fassent perpétuellement travailler leurs cerveaux. Les romans, les contes bleus, les récits des revenants & des sorciers ont bien plus de charmes pour les esprits vulgaires, que les histoires véritables.

§. 13.

En matiere de religion les hommes ne sont que de grands enfants. Plus une religion est absurde & remplie de merveilles, plus elle acquiert de droits sur eux ; le dévot se croit obligé de ne mettre aucun terme à sa crédulité : plus les choses font inconcevables, plus elles lui paroissent divines ; plus elles font incroyables, & plus il s'imagine qu'il y a pour lui de mérite à les croire.

§. 14.

L'ORIGINE des opinions religieuses date pour l'ordinaire du temps où les nations sauvages étoient encore dans l'état de l'enfance. Ce fut à des hommes grossiers, ignorants & stupides que les fondateurs de religion s'adressèrent en tout temps pour leur donner des dieux, des cultes, des mythologies, des fables merveilleuses & terribles. Ces chimeres, adoptées sans examen par les peres, se sont transmises, avec plus ou moins de changements à leurs enfants policés, qui, souvent ne raisonnent pas plus que leurs peres.

§. 15.

LES premiers législateurs des peuples eurent pour objet de les dominer : le moyen le plus facile d'y parvenir fut de les effrayer & de les empêcher de raisonner : ils les conduisirent par des sentiers tortueux, afin qu'ils ne s'apperçussent pas des desseins de leurs guides ; ils les forcerent de regarder en l'air, de peur qu'ils ne regardassent à leurs pieds : ils les amuserent sur la route par des contes ; en un mot, ils les traiterent à la façon des nourrices qui emploient les chansons & les menaces pour endormir les enfants, ou les forcer à se taire.

§. 16.

L'EXISTENCE d'un Dieu est la base de toute religion. Peu de gens paroissent douter de cette existence ; mais cet article fondamental est précifément le plus propre à arrêter tout esprit qui raisonne. La premiere demande de tout catéchisme fut & sera toujours la plus difficile à résoudre (1).

§. 17.

Peut-on se dire sincérement convaincu de l'existence d'un être dont on ignore la nature, qui demeure inaccessible à tous les sens, & dont on assure à chaque instant que les qualités sont incompréhensibles pour nous ? Pour que l'on me persuade qu'un être existe ou peut exister, il faut commencer par me dire ce que c'est que cet être ; pour m'engager à croire l'existence ou la possibilité d'un tel être, il faut m'en dire des choses qui ne soient pas contradictoires & qui ne se détruisent pas les unes les autres. Enfin pour me convaincre pleinement de l'existence de cet être, il faut m'en dire des choses que je puisse comprendre, & me prouver qu'il est impossible que l'être, auquel on attribue ces qualités, n'existe pas.

§. 18.

Une chose est impossible quand elle renferme deux idées qui se détruisent réciproquement, & que l'on ne peut ni concevoir ni réunir par la pensée. L'évidence ne peut se fonder pour les hommes

---

(1) En l'année 1701 les peres de l'Oratoire de Vendôme soutinrent dans une these cette proposition, que, suivant S. Thomas, l'existence de Dieu n'est pas, & ne peut pas être du ressort de la foi. *Dei existentia nec ad fidem attinet, nec attingere potest juxta sanctum Thomam.* Voyez Basnage, *histoire des ouvrages des savants*, tome XVII, page 277.

que sur le témoignage constant de nos sens, qui seuls nous font naître des idées, & nous mettent à portée de juger de leur convenance ou de leur incompatibilité. Ce qui existe nécessairement, est ce dont la non-existence impliqueroit contradiction. Ces principes reconnus de tout le monde sont en défaut dès qu'il s'agit de l'existence de Dieu; tout ce qu'on en a dit jusqu'ici est ou inintelligible, ou se trouve parfaitement contradictoire, & par là même doit paroître impossible à tout homme de bon sens.

§. 19.

Toutes les connoissances humaines se sont plus ou moins éclaircies & perfectionnées. Par quelle fatalité la science de Dieu n'a-t-elle jamais pu s'éclaircir ? Les nations les plus civilisées & les penseurs les plus profonds en sont là dessus au même point que les nations les plus sauvages & les rustres les plus ignorants : & même en regardant la chose de près, nous trouverons que la science divine, à force de rêveries & de subtilités, n'a fait que s'obscurcir de plus en plus. Jusqu'ici toute religion ne se fonde que sur ce qu'on appelle en logique des *pétitions de principe ;* elle suppose gratuitement, & prouve ensuite par les suppositions qu'elle a faites.

§. 20.

A force de métaphysiquer, l'on est parvenu à faire de Dieu un *pur esprit ;* mais la théologie moderne a-t-elle fait en cela un pas de plus que la théologie des sauvages ? Les sauvages reconnoissent un *grand esprit* pour le maître du monde. Les sauvages, ainsi que tous les ignorants, attribuent à des *esprits* tous les effets dont leur inexpérience les empêche de démêler les vraies causes. Demandez à un sauvage ce qui fait marcher votre montre : il vous répondra, *c'est un esprit*.... Demandez à nos docteurs ce qui fait marcher l'univers : ils vous diront, *c'est un esprit*.

§. 21.

Le sauvage, quand il parle d'un esprit, attache au moins quelque sens à ce mot : il entend par là un agent semblable au vent, à l'air agité, au souffle, qui produisent invisiblement des effets qu'on apperçoit : à force de subtiliser, le théologien moderne devient aussi peu intelligible pour lui-même que pour les autres. Demandez-lui ce qu'il entend par un esprit : il vous répondra que c'est une substance inconnue, qui est parfaitement simple, qui n'a point d'étendue, qui n'a rien de commun avec la matiere. En bonne foi, est-il aucun mortel qui puisse se former la moindre idée d'une substance pareille ? Un esprit dans le langage de la théologie moderne est-il donc autre chose qu'une absence d'idées ? L'idée de la *spiritualité* est encore une idée sans modele.

§. 22.

N'est-il pas plus naturel & plus intelligible de tirer tout ce qui existe du sein de la matiere, dont l'existence est démontrée par tous nos sens, dont nous éprouvons les effets à chaque instant, que nous voyons agir, se mouvoir, communiquer le mouvement & générer sans cesse, que d'attribuer la formation des choses à une force inconnue, à un être spirituel qui ne peut pas tirer de son fonds ce qu'il n'a pas lui-même, & qui par l'essence spirituelle qu'on lui donne, est incapable & de rien faire & de rien mettre en mouvement ? Rien de plus évident que l'idée, qu'on s'efforce de nous donner de l'action d'un esprit sur la matiere, ne nous représente aucun objet, ou est une idée sans modele.

§. 23.

Le *Jupiter* matériel des anciens pouvoit mouvoir, composer, détruire & engendrer des êtres analogues à lui-même : mais le Dieu de la théologie moderne est un être stérile. D'après la nature qu'on lui suppose, il ne peut ni occuper aucun lieu dans l'espace, ni remuer la matiere, ni produire un monde visible, ni engendrer soit des hommes, soit des dieux. Le Dieu métaphysique est un ouvrier sans mains ; il n'est propre qu'à produire des nuages, des rêveries, des folies & des querelles.

§. 24.

Puisqu'il falloit un Dieu aux hommes, que ne s'en tenoient-ils au soleil, ce dieu visible adoré par tant de nations ? Quel être avoit plus de droits aux hommages des mortels que l'astre du jour, qui éclaire, échauffe, vivifie tous les êtres ; dont la présence ranime & rajeunit la nature, dont l'absence semble la plonger dans la tristesse & la langueur ? Si quelque être annonçoit au genre humain, du pouvoir, de l'activité, de la bienfaisance, de la durée, c'étoit, sans doute, le soleil qu'il devoit regarder comme le pere de la nature, comme l'ame du monde, comme la divinité. Au moins on n'eût pu sans folie lui disputer l'existence ou refuser de reconnoître son influence & ses bienfaits.

§. 25.

LE théologien nous crie que Dieu n'a pas besoin de mains ou de bras pour agir ; *qu'il agit par sa volonté.* Mais quel est ce Dieu qui jouit d'une volonté ? & quel peut être le sujet de cette volonté divine ?

EST-IL plus ridicule ou plus difficile de croire aux fées, aux sylphes, aux revenants, aux sorciers, aux loups-garoux, que de croire à l'action magique ou impossible d'un esprit sur le corps ? Dès qu'on admet un Dieu pareil, il n'est plus de fables & de rêveries qui soient en droit de révolter. Les théologiens traitent les hommes comme des enfants, qui jamais ne chicannent sur la possibilité des contes qu'on leur fait.

§. 26.

POUR ébranler l'existence d'un Dieu, il ne faut que prier un théologien d'en parler ; dès qu'il en dit un mot, la moindre réflexion nous fait voir que ce qu'il dit est incompatible avec l'essence qu'il attribue à son Dieu. Qu'est-ce donc que Dieu ? C'est un mot abstrait, fait pour désigner la force cachée de la nature ; ou c'est un point mathématique qui n'a ni longueur, ni largeur, ni profondeur. Un philosophe a dit très-ingénieusement en parlant des théologiens, *qu'ils ont trouvé la solution du fameux problême d'Archimede ; un point dans le ciel d'où ils remuent le monde* (2).

---

(2) M. David Hume.

§. 27.

La religion met les hommes à genoux devant un être sans étendue, & qui pourtant est infini & remplit tout de son immensité; devant un être tout-puissant, qui n'exécute jamais ce qu'il desire; devant un être souverainement bon, & qui ne fait que des mécontents; devant un être ami de l'ordre, & dans le gouvernement duquel tout est dans le désordre. Que l'on devine après cela ce que c'est que le Dieu de la théologie.

§. 28.

Pour éviter tout embarras, on nous dit « qu'il » n'est point nécessaire de savoir ce que c'est que » Dieu, qu'il faut l'adorer sans le connoître; qu'il » ne nous est point permis de porter un œil té- » méraire sur ses attributs. » Mais avant de savoir s'il faut adorer un Dieu, ne faudroit-il pas s'être assuré qu'il existe? Or comment s'assurer s'il existe, avant d'avoir examiné s'il est possible que les qualités diverses qu'on lui donne se rencontrent en lui? Dans le vrai, adorer Dieu, c'est n'adorer que les fictions de son propre cerveau, ou plutôt c'est ne rien adorer.

§. 29.

Dans la vue, sans doute, de mieux embrouiller les choses, les théologiens ont pris le parti de ne point dire ce que c'est que leur Dieu; ils ne nous disent jamais que ce qu'il n'est pas. A force de négations & d'abstractions, ils s'imaginent composer un être réel & parfait, tandis qu'il n'en peut résulter qu'un être de raison. Un esprit est ce qui n'est point corps: un être infini est un être qui n'est point fini : un être parfait est un être qui n'est point imparfait : en bonne foi est-il quelqu'un qui puisse se faire des notions réelles d'un pareil amas de privations ou d'absence d'idées? Ce qui exclud toute idée peut-il être autre chose que le néant?

Prétendre que les attributs divins sont au dessus de la portée de l'esprit humain, c'est convenir que Dieu n'est pas fait pour les hommes. Si l'on assure qu'en Dieu tout est infini, on avoue qu'il ne peut y avoir rien de commun entre lui & ses créatures. Dire que Dieu est infini, c'est l'anéantir pour l'homme, ou du moins c'est le rendre inutile pour lui.

« Dieu, nous dira-t-on, a fait l'homme intel-
» ligent, mais il ne l'a pas fait omniscient, c'est-
» à-dire, capable de tout savoir; » l'on en conclud qu'il n'a pu lui donner des facultés assez amples pour connoître l'essence divine. Dans ce cas il est démontré que Dieu n'a ni pu, ni voulu être connu des hommes. De quel droit ce Dieu se fâcheroit-il donc contre des êtres que leur essence propre met dans l'impossibilité de se faire aucune idée de l'essence divine? Dieu seroit évidemment le plus injuste & le plus bizarre des tyrans s'il punissoit un athée, pour n'avoir point connu ce qu'il étoit, par sa nature, dans l'impossibilité de connoître.

§. 30.

POUR le commun des hommes, rien ne rend un argument plus convaincant que la peur. En conséquence de ce principe, les théologiens nous disent qu'*il faut prendre le parti le plus sûr;* que rien n'est plus criminel que l'incrédulité; que

Dieu punira sans pitié tous ceux qui auront la témérité de douter de son existence ; que sa rigueur est juste, vu qu'il n'y a que la démence ou la perversité qui puisse faire combattre l'existence d'un monarque courroucé qui se vengera cruellement des athées. Si nous examinons ces menaces de sang-froid, nous trouverons qu'elles supposent toujours la chose en question. Il faudroit commencer par nous prouver d'une façon satisfaisante l'existence d'un Dieu, avant de nous dire qu'il est plus sûr de la croire, & qu'il est affreux d'en douter ou de la nier. Ensuite, il faudroit nous prouver qu'il est possible qu'un Dieu juste punisse, avec cruauté, des hommes, pour avoir été dans un état de démence qui les a empêché de croire l'existence d'un être, que leur raison troublée ne pouvoit concevoir. En un mot, il faudroit prouver qu'un Dieu, que l'on dit tout rempli d'équité, pourra punir, outre mesure, l'ignorance invincible & nécessaire où l'homme se trouve par rapport à l'essence divine. La façon de raisonner des théologiens n'est-elle pas bien singuliere ? ils inventent des fantômes ; ils les composent de contradictions ; ils assurent ensuite que le parti le plus sûr est de ne pas douter de l'existence de ces fantômes, qu'ils ont eux-mêmes inventés. En suivant cette méthode, il n'est pas d'absurdité qu'il ne soit plus sûr de croire que de ne pas croire.

Tous les enfants sont des athées ; ils n'ont aucune idée de Dieu : sont-ils donc criminels à cause de cette ignorance ? A quel âge commencent-ils à être obligés de croire en Dieu ? C'est, direz-vous, à l'âge de raison. Dans quel temps cet âge doit-il commencer ? D'ailleurs, si les théologiens les plus profonds se perdent dans l'essence divine, qu'ils ne se vantent pas de comprendre quelles idées peuvent en avoir les gens du monde, les femmes, les artisans, en un mot, ceux qui composent la masse du genre humain ?

§. 31.

Les hommes ne croient en Dieu que sur la parole de ceux qui n'en ont pas plus d'idées qu'eux-mêmes. Nos nourrices sont nos premieres théologiennes; elles parlent aux enfants de Dieu, comme elles leur parlent de loups-garoux ; elles leur apprennent, dès l'âge le plus tendre, à joindre machinalement les deux mains : les nourrices ont-elles donc des notions plus claires de Dieu que les enfants qu'elles obligent de le prier ?

§. 32.

La religion passe des peres aux enfants, comme les biens de famille avec leurs charges. Très-peu de gens dans le monde auroient un Dieu, si l'on n'eût pas pris le soin de le leur donner. Chacun reçoit, de ses parents & de ses instituteurs, le Dieu qu'ils ont eux-mêmes reçu des leurs ; mais suivant son tempérament propre, chacun l'arrange, le modifie, le peint à sa maniere.

§. 33.

Le cerveau de l'homme est, sur-tout dans l'enfance, une cire molle, propre à recevoir toutes les impressions qu'on y veut faire : l'éducation lui fournit presque toutes ses opinions, dans un temps où il est incapable de juger par lui-même. Nous croyons avoir reçu de la nature, ou avoir apporté en naissant les idées vraies ou fausses que, dans un âge tendre, on a fait entrer dans notre tête. Et cette persuasion est une des plus grandes sources de nos erreurs.

§. 34.

Le préjugé contribue à cimenter en nous les opinions de ceux qui ont été chargés de notre instruction. Nous les croyons bien plus habiles que nous ; nous les supposons très-convaincus eux-mêmes des choses qu'ils nous apprennent. Nous avons la plus grande confiance en eux ; d'après les soins qu'ils ont pris de nous, lorsque nous étions hors d'état de nous aider nous-mêmes, nous les jugeons incapables de vouloir nous tromper. Voilà les motifs qui nous font adopter mille erreurs, sans autre fondement que la périlleuse parole de ceux qui nous ont élevés : la défense même de ne point raisonner sur ce qu'ils nous disent, ne diminue point notre confiance, & contribue souvent à augmenter notre respect pour leurs opinions.

§. 35.

Les docteurs du genre humain se conduisent très-prudemment, en enseignant aux hommes leurs principes religieux, avant qu'ils soient en état de distinguer le vrai du faux, ou la main gauche de la main droite. Il seroit tout aussi difficile d'apprivoiser l'esprit d'un homme de quarante ans avec les notions disparates qu'on nous donne de la divinité, que de bannir ces notions de la tête d'un homme qui en seroit imbu depuis sa plus tendre enfance.

§. 36.

On nous assure que les merveilles de la nature suffisent pour nous conduire à l'existence d'un Dieu, & nous convaincre pleinement de cette importante vérité. Mais combien y a-t-il de personnes dans le monde qui aient le loisir, la capacité, les dispositions nécessaires pour contempler la nature, & méditer sa marche ? Les hommes, pour la plupart, n'y font nulle attention. Un paysan n'est aucunement frappé de la beauté du soleil qu'il a vu tous les jours. Le matelot n'est point surpris des mouvements réguliers de l'Océan, il n'en tirera jamais d'inductions théologiques. Les phénomenes de la nature ne prouvent l'existence d'un Dieu, qu'à quelques hommes prévenus, à qui l'on a montré d'avance le doigt de Dieu dans toutes les choses dont le méchanisme pouvoit les embarrasser. Dans les merveilles de la nature, le physicien sans préjugés ne voit rien que le pouvoir de la nature, que les loix permanentes & variées, que les effets nécessaires des combinaisons différentes d'une matiere prodigieusement diversifiée.

§. 37.

Est-il rien de plus surprenant que la logique de tant de profonds docteurs qui, au lieu d'avouer leur peu de lumieres sur les agents naturels, vont chercher hors de la nature, c'est-à-dire, dans les régions imaginaires, un agent bien plus inconnu que cette nature, dont ils peuvent au moins se former quelques idées ! Dire que Dieu est l'auteur des phénomenes que nous voyons, n'est-ce pas les attribuer à une cause occulte ? Qu'est-ce que

Dieu ? qu'est-ce qu'un esprit ? Ce sont des causes dont nous n'avons nulle idée. Savants ! étudiez la nature & ses loix, & lorsque vous pourrez y démêler l'action des causes naturelles, n'allez pas recourir à des causes surnaturelles qui, bien-loin d'éclaircir vos idées, ne feront que les embrouiller de plus en plus & vous mettre dans l'impossibilité de vous entendre vous-mêmes.

§. 38.

La nature, dites-vous, est totalement inexplicable sans un Dieu: c'est-à-dire, que pour expliquer ce que vous entendez fort peu, vous avez besoin d'une cause que vous n'entendez point du tout. Vous prétendez démêler ce qui est obscur en redoublant l'obscurité. Vous croyez défaire un nœud en multipliant les nœuds. Physiciens enthousiastes ! pour nous prouver l'existence d'un Dieu, copiez des traités complets de botanique ; entrez dans un détail minutieux des parties du corps humain ; élancez-vous dans les airs pour contempler les révolutions des astres ; revenez ensuite sur la terre pour admirer le cours des eaux ; extasiez-vous devant des papillons, des insectes, des polypes, des atomes organisés, dans lesquels vous croyez trouver la grandeur de votre Dieu ; toutes ces choses ne prouveront pas l'existence de ce Dieu ; elles prouveront seulement que vous n'avez pas les idées que vous devriez avoir de l'immense variété des matieres, & des effets que peuvent produire les combinaisons diversifiées à l'infini, dont l'univers est l'assemblage. Cela prouvera que vous ignorez ce que c'est que la nature ; que vous n'avez aucune idée de ses forces, lorsque vous la jugez incapable de produire une

foule

foule de formes & d'êtres dont vos yeux, même armés de microscopes, ne voient jamais que la moindre partie. Enfin cela prouvera que faute de connoître des agents sensibles ou possibles à connoître, vous trouvez plus court de recourir à un mot, sous lequel vous désignez un agent dont il vous sera toujours impossible de vous faire aucune idée véritable.

§. 39.

On nous dit gravement qu'*il n'y a point d'effet sans cause*; on nous répete à tout moment que *le monde ne s'est pas fait lui-même*. Mais l'univers est une cause, il n'est point un effet, il n'est point un ouvrage; il n'a point été fait, parce qu'il étoit impossible qu'il le fût. Le monde a toujours été; son existence est nécessaire.

Il est sa cause à lui-même. La nature dont l'essence est visiblement d'agir & de produire, pour remplir ses fonctions comme elle fait sous nos yeux, n'a pas besoin d'un moteur invisible, bien plus inconnu qu'elle-même. La matière se meut par sa propre énergie, par une suite nécessaire de son hétérogénéité; la diversité des mouvements ou des façons d'agir constitue seule la diversité des matieres: nous ne distinguons les êtres les uns des autres, que par la diversité des impressions ou des mouvements qu'ils communiquent à nos organes.

§. 40.

Vous voyez que tout est en action dans la nature, & vous prétendez que la nature par elle-même est morte & sans énergie! Vous croyez que ce tout, essentiellement agissant, a besoin d'un moteur ! Eh ! quel est donc ce moteur ? C'est un esprit ; c'est-à-dire, un être absolument incompréhensible & contradictoire. Concluez donc, vous dirai-je, que la matiere agit par elle-même, & cessez de raisonner de votre moteur spirituel, qui n'a rien de ce qu'il faut pour la mettre en action. Revenez de vos excursions inutiles ; rentrez d'un monde imaginaire dans un monde réel ; tenez-vous-en aux *causes secondes* ; laissez aux théologiens leur *cause premiere*, dont la nature n'a pas besoin pour produire tous les effets que vous voyez.

§. 41.

Ce ne peut être que par la diversité des impressions ou des effets que les matieres ou les corps font sur nous, que nous les sentons ; que nous en avons des perceptions & des idées ; que nous les distinguons les uns des autres ; que nous leur assignons des propriétés. Or, pour appercevoir ou sentir un objet, il faut que cet objet agisse sur nos organes ; cet objet ne peut agir sur nous, sans exciter quelque mouvement en nous ; il ne peut produire ce mouvement en nous, s'il n'est en mouvement lui-même. Dès que je vois un objet, il faut que mes yeux en soient frappés : je ne puis concevoir la lumiere & la vision, sans un mouvement dans le corps lumineux, étendu, coloré, qui se communique à mon œil ou qui agit sur ma rétine. Dès que je flaire un corps, il faut que mon odorat soit irrité ou mis en mouvement par les parties qui s'exhalent d'un corps odorant. Dès que j'entends un son, il faut que le tympan de mon oreille soit frappé de l'air, mis en mouvement par un corps sonore qui n'agiroit point s'il n'étoit mu lui-même. D'où il suit évidemment que sans mouvement je ne puis ni sentir, ni appercevoir, ni distinguer, ni comparer, ni juger les corps, ni même occuper ma pensée d'une matiere quelconque.

On dit dans l'école que (3) *l'essence d'un être est ce d'où découlent toutes les propriétés de l'être.* Or il est évident que toutes les propriétés des corps ou des matieres dont nous avons des idées, sont dues au mouvement, qui seul nous avertit de leur existence & nous en donne les premiers concepts. Je ne puis être averti ou assuré de ma propre existence que par les mouvements que j'éprouve en moi-même. Je suis donc forcé de conclure que le mouvement est aussi essentiel à la matiere que l'étendue, & qu'elle ne peut être conçue sans lui.

Si l'on s'obstine à chicanner sur les preuves évidentes qui nous indiquent que le mouvement est essentiel & propre à toute matiere, l'on ne pourra pas du moins s'empêcher de reconnoître que des matieres qui sembloient mortes ou dépourvues de toute énergie, prennent du mouvement d'elles-mêmes, dès qu'on les met à portée d'agir les unes sur les autres. Le *pyrophore* qui, renfermé dans une bouteille ou privé du contact de l'air, ne peut point s'allumer, ne s'embrase-t-il pas dès qu'on l'expose à l'air ? De la farine & de l'eau n'entrent-elles pas en fermentation dès qu'on les mêle ? Ainsi des matieres mortes engendrent le mouvement d'elles - mêmes. La matiere a donc le pouvoir de se mouvoir ; & la

---

(3) *Essentia est quid primum in re, fons & radix omnium rei proprietatum.*

nature pour agir n'a pas besoin d'un moteur, que l'essence qu'on lui donne empêcheroit de rien faire.

§. 42.

D'où vient l'homme ? Quelle est sa premiere origine ? Est-il donc l'effet du concours fortuit des atomes ? Le premier homme est-il sorti tout formé du limon de la terre ? Je l'ignore. L'homme me paroît une production de la nature, comme toutes les autres qu'elle renferme. Je serois tout aussi embarrassé de vous dire d'où sont venus les premieres pierres, les premiers arbres, les premiers lions, les premiers éléphants, les premieres fourmis, les premiers glands, &c. que de vous expliquer l'origine de l'espece humaine.

Reconnoissez, nous crie-t-on sans cesse, la main d'un Dieu, d'un ouvrier infiniment intelligent & puissant, dans un ouvrage aussi merveilleux que la machine humaine. Je conviendrai sans peine que la machine humaine me paroît surprenante ; mais puisque l'homme existe dans la nature, je ne me crois pas en droit de dire que sa formation est au dessus des forces de la nature ; j'ajouterai que je concevrai bien moins la formation de la machine humaine quand, pour me l'expliquer, on me dira qu'un pur esprit, qui n'a ni des yeux, ni des pieds, ni des mains, ni une tête, ni des poumons, ni une bouche, ni une haleine, a fait l'homme en prenant un peu de boue & en soufflant dessus.

Les habitants sauvages du Paraguai se disent descendus de la lune, & nous paroissent des imbécilles : les théologiens de l'Europe se disent descendus d'un pur esprit. Cette prétention est-elle bien plus sensée ?

L'homme est intelligent ; on en conclud qu'il ne peut être que l'ouvrage d'un être intelligent, & non d'une nature dépourvue d'intelligence. Quoique rien ne soit plus rare, que de voir l'homme faire usage de cette intelligence, dont il paroît si fier, je conviendrai qu'il est intelligent, que ses besoins développent en lui cette faculté ; que la société des autres hommes contribue sur-tout à la cultiver. Mais dans la machine humaine & dans l'intelligence dont elle est douée, je ne vois rien qui annonce d'une façon bien précise l'intelligence infinie de l'ouvrier à qui l'on en fait honneur ; je vois que cette machine admirable est sujette à se déranger ; je vois que pour lors son intelligence merveilleuse est troublée, & disparoît quelquefois totalement : je conclus que l'intelligence humaine dépend d'une certaine disposition des organes matériels du corps, & que, de ce que l'homme est un être intelligent, on n'est pas plus fondé à conclure que Dieu doit être intelligent, que de ce que l'homme est matériel, on ne seroit fondé à en conclure que Dieu est matériel. L'intelligence de l'homme ne prouve pas plus l'intelligence de Dieu, que la malice de l'homme ne prouve la malice de ce Dieu dont on prétend que l'homme est l'ouvrage. De quelque façon que la théologie s'y prenne, Dieu sera toujours une cause contredite par ses effets, ou dont il est impossible de juger par ses œuvres. Nous verrons toujours résulter du mal, des imperfections, des folies, d'une cause que l'on dit remplie de bonté, de perfections, de sagesse.

§. 43.

AINSI donc, direz-vous, l'homme intelligent, de même que l'univers & tout ce qu'il renferme, font les effets du *hafard*! Non, vous répéterai-je; *l'univers n'est point un effet*; il est la cause de tous les effets: tous les êtres qu'il renferme font des effets nécessaires de cette cause, qui quelquefois nous montre sa façon d'agir, mais qui bien plus souvent nous dérobe sa marche. Les hommes se servent du mot *hafard* pour couvrir l'ignorance où ils sont des vraies causes: néanmoins, quoiqu'ils les ignorent, ces causes n'agissent pas moins d'après des loix certaines. Il n'est point d'effets sans causes.

La nature est un mot dont nous nous servons pour désigner l'assemblage immense des êtres, des matieres diverses, des combinaisons infinies, des mouvemens variés dont nos yeux sont témoins. Tous les corps, soit organisés, soit non organisés, sont des résultats nécessaires de certaines causes faites pour produire nécessairement les effets que nous voyons. Rien dans la nature ne peut se faire au hafard; tout y suit des loix fixes; ces loix ne sont que la liaison nécessaire de certains effets avec leurs causes. Un atome de matiere ne rencontre pas fortuitement *ou par hafard* un autre atome; cette rencontre est due à des loix permanentes, qui font que chaque être agit nécessairement comme il fait, & ne peut agir autrement dans des circonstances données. Parler du *concours fortuit des atomes*, ou attribuer quelques effets au hafard, c'est ne rien dire, sinon que l'on ignore les loix par lesquelles les corps agissent, se rencontrent, se combinent ou se séparent.

Tout se fait au hasard pour ceux qui ne connoissent point la nature, les propriétés des êtres, & les effets qui doivent nécessairement résulter du concours de certaines causes. Ce n'est point le hasard qui a placé le soleil au centre de notre systême planétaire, c'est que par son essence même la substance dont il est composé doit occuper cette place, & de là se répandre ensuite pour vivifier les êtres renfermés dans les planetes.

§. 44.

Les adorateurs d'un Dieu trouvent sur-tout dans l'ordre de l'univers une preuve invincible de l'existence d'un être intelligent & sage qui le gouverne. Mais cet ordre n'est qu'une suite de mouvements nécessairement amenés par des causes ou des circonstances qui nous sont tantôt favorables & tantôt nuisibles à nous-mêmes : nous approuvons les unes, & nous nous plaignons des autres.

La nature suit constamment la même marche; c'est-à-dire, les mêmes causes produisent les mêmes effets, tant que leur action n'est point troublée par d'autres causes, qui forcent les premieres à produire des effets différents. Lorsque les causes dont nous éprouvons les effets, sont troublées dans leurs actions ou mouvements par des causes qui, pour nous être inconnues, n'en sont pas moins naturelles & nécessaires, nous demeurons stupéfaits, nous crions *au miracle*, & nous les attribuons à une cause bien moins connue que toutes celles que nous voyons agir sous nos yeux.

L'univers est toujours dans l'ordre; il ne peut y avoir de désordre pour lui. Notre machine seule est en souffrance quand nous nous plaignons du désordre. Les corps, les causes, les êtres que ce monde renferme, agissent nécessairement de la maniere dont nous les voyons agir, soit que nous approuvions leurs effets, soit que nous les désapprouvions. Les tremblements de terre, les volcans, les inondations, les contagions, les disettes sont des effets aussi nécessaires, ou sont autant dans l'ordre de la nature, que la chûte des corps graves, que le cours des rivieres, que les mouvements périodiques des mers, que le souffle des vents, que les pluies fécondantes, & les effets favorables pour lesquels nous louons la providence & nous la remercions de ses bienfaits.

Etre émerveillé de voir régner un certain ordre dans le monde, c'est être surpris que les mêmes causes produisent constamment les mêmes effets. Etre choqué de voir du désordre, c'est oublier que les causes, venant à changer ou à être troublées dans leurs actions, les effets ne peuvent plus être les mêmes. S'étonner à la vue d'un ordre dans la nature, c'est être étonné qu'il puisse exister quelque chose; c'est être surpris de sa propre existence. Ce qui est ordre pour un être, est désordre pour un autre. Tous les êtres mal-faisants trouvent que tout est dans l'ordre, quand ils peuvent impunément mettre tout en désordre; ils trouvent au contraire que tout est en désordre, quand on les trouble dans l'exercice de leurs méchancetés.

§. 45.

EN supposant Dieu l'auteur & le moteur de la nature, il ne pourroit y avoir aucun désordre relativement à lui; toutes les causes qu'il auroit faites n'agiroient-elles pas nécessairement d'après les propriétés, les essences & les impulsions qu'il leur auroit données? Si Dieu venoit à changer le cours ordinaire des choses, il ne seroit pas immuable. Si l'ordre de l'univers dans lequel on croit voir la preuve la plus convaincante de son existence, de son intelligence, de sa puissance & de sa bonté, venoit à se démentir, on pourroit le soupçonner de ne point exister, ou l'accuser du moins d'inconstance, d'impuissance, de défaut, de prévoyance & de sagesse dans le premier arrangement des choses ; on seroit en droit de l'accuser de méprise dans le choix des agents & des instruments qu'il fait, qu'il prépare ou qu'il met en action. Enfin, si l'ordre de la nature prouvoit le pouvoir & l'intelligence, le désordre devroit prouver la foiblesse, l'inconstance, la déraison de la divinité.

Vous dites que Dieu est par-tout ; qu'il remplit tout de son immensité ; que rien ne se fait sans lui ; que la matiere ne pourroit agir sans l'avoir pour moteur. Mais, dans ce cas, vous convenez que votre Dieu est l'auteur du désordre, que c'est lui qui dérange la nature, qu'il est le pere de la confusion, qu'il est dans l'homme, & qu'il meut l'homme au moment où il peche. Si Dieu est partout, il est en moi, il agit avec moi, il se trompe avec moi, il offense Dieu avec moi, il combat avec moi l'existence de Dieu. O théologiens ! vous ne vous entendez jamais quand vous parlez de Dieu !

§. 46.

POUR être ce que nous nommons *intelligent*, il faut avoir des idées, des pensées, des volontés ;

pour avoir des idées, des pensées, des volontés, il faut avoir des organes; pour avoir des organes, il faut avoir un corps; pour agir sur des corps, il faut avoir un corps; pour éprouver le désordre, il faut être capable de souffrir. D'où il suit évidemment qu'un pur esprit ne peut être intelligent, & ne peut être affecté de ce qui se passe dans l'univers.

L'intelligence divine, les idées divines, les vues divines n'ont, dites-vous, rien de commun avec celles des hommes. A la bonne heure. Mais, dans ce cas, comment des hommes peuvent-ils juger, soit en bien, soit en mal, de ces vues; raisonner sur ces idées; admirer cette intelligence? Ce seroit juger, admirer, adorer ce dont on ne peut soi-même avoir d'idées. Adorer les vues profondes de la sagesse divine, n'est-ce pas adorer ce qu'on est dans l'impossibilité de juger? Admirer ces mêmes vues, n'est-ce pas admirer sans savoir pourquoi? L'admiration est toujours la fille de l'ignorance. Les hommes n'admirent & n'adorent que ce qu'ils ne comprennent pas.

§. 47.

Toutes ces qualités qu'on donne à Dieu ne peuvent aucunement convenir à un être qui, par son essence même, est privé de toute analogie avec les êtres de l'espece humaine? Il est vrai que l'on croit s'en tirer en exagérant les qualités humaines dont on a orné la divinité; on les pousse jusqu'à l'infini, & dès-lors on cesse de s'entendre. Que résulte-t-il de cette combinaison de l'homme avec Dieu, ou de cette *théanthropie*? Il n'en résulte qu'une chimere dont on ne peut rien affirmer qui ne fasse aussi-tôt évanouir le fantôme qu'on avoit pris tant de peine à combiner.

Le Dante, dans son chant du *paradis*, raconte que la divinité s'étoit montrée à lui sous la figure de trois cercles, qui formoient une iris, dont les vives couleurs naissoient les unes des autres ; mais qu'ayant voulu fixer sa lumiere éblouissante, le poëte ne vit plus que sa propre figure. En adorant Dieu, c'est lui-même que l'homme adore.

§. 48.

La réflexion la plus légere ne devroit-elle pas suffire pour nous prouver que Dieu ne peut avoir aucune des qualités, des vertus ou des perfections humaines ? Nos vertus & nos perfections sont des suites de notre tempérament modifié. Dieu a-t-il donc un tempérament comme nous ? Nos bonnes qualités sont des dispositions relatives aux êtres avec qui nous vivons en société. Dieu, selon vous, est un être isolé ; Dieu n'a point de semblable ; Dieu ne vit point en société ; Dieu n'a besoin de personne, il jouit d'une félicité que rien ne peut altérer : convenez donc, d'après vos principes mêmes, que Dieu ne peut avoir ce que nous appellons des vertus, & que les hommes ne peuvent être vertueux à son égard.

§. 49.

L'homme, épris de son propre mérite, s'imagine que, dans la formation de l'univers, ce n'est que l'espece humaine que son Dieu s'est proposée pour objet & pour fin. Sur quoi fonde-t-il cette opinion si flatteuse ? C'est, nous dit-on, sur ce que l'homme est le seul être doué d'une intelligence qui le met à portée de connoître la divinité, & de lui rendre des hommages dignes d'elle.

On nous assure que Dieu n'a fait le monde que pour sa propre gloire, & que l'espece humaine dut entrer dans son plan, afin qu'il y eût quelqu'un pour admirer ses ouvrages & l'en glorifier. Mais, d'après ces suppositions, Dieu n'a-t-il pas visiblement manqué son but ? 1°. L'homme, selon vous-mêmes, sera toujours dans l'impossibilité la plus complete de connoître son Dieu, & dans l'ignorance la plus invincible de son essence divine. 2°. Un être, qui n'a point d'égaux, ne peut être susceptible de gloire : la gloire ne peut résulter que de la comparaison de sa propre excellence avec celle des autres. 3°. Si Dieu, par lui-même, est infiniment heureux ; s'il se suffit à lui-même, qu'a-t-il besoin des hommages de ses foibles créatures ? 4°. Dieu, nonobstant tous ses travaux, n'est point glorifié : au contraire, toutes les religions du monde nous le montrent comme perpétuellement offensé ; elles n'ont toutes pour objet que de réconcilier l'homme pécheur, ingrat & rebelle avec son Dieu courroucé.

§. 50.

Si Dieu est infini, il est encore moins fait pour l'homme, que l'homme pour les fourmis. Les fourmis d'un jardin raisonneroient-elles pertinemment sur le compte du jardinier, si elles s'avisoient de s'occuper de ses intentions, de ses desirs, de ses projets ? Auroient-elles rencontré juste, si elles prétendoient que le parc de Versailles n'a été planté que pour elles, & que la bonté d'un monarque fastueux n'a eu pour objet que de les loger superbement ? Mais, suivant la théologie, l'homme est, par rapport à Dieu, bien au dessous de ce que l'insecte le plus vil est par rapport à l'homme ; ainsi, de l'aveu de la théologie même, la théologie, qui ne fait que s'occuper des attributs & des vues de la divinité, est la plus complete des folies.

§. 51.

On prétend qu'en formant l'univers, Dieu n'a eu d'autre but que de rendre l'homme heureux. Mais dans un monde fait exprès pour lui, & gouverné par un Dieu tout-puissant, l'homme est-il en effet bien heureux ? Ses jouissances sont-elles durables ? Ses plaisirs ne sont-ils pas mêlés de peines ? Est-il beaucoup de gens qui soient contents de leur sort ? Le genre humain n'est-il pas la victime continuelle des maux physiques & moraux ? Cette machine humaine, que l'on nous montre comme un chef-d'œuvre de l'industrie du créateur, n'a-t-elle pas mille façons de se déranger ? Serions-nous émerveillés de l'adresse d'un méchanicien qui nous feroit voir une machine compliquée prête à s'arrêter à tout moment, & qui finiroit au bout de quelque temps par se briser d'elle-même ?

§. 52.

On appelle *providence* le soin généreux que la divinité fait paroître en pourvoyant aux besoins, & en veillant au bonheur de ses créatures chéries. Mais, dès qu'on ouvre les yeux, on trouve que Dieu ne pourvoit à rien. La providence s'endort sur la portion la plus nombreuse des habitants de ce monde ; contre une très-petite quantité d'hommes, que l'on suppose heureux, quelle foule immense d'infortunés gémissent sous l'oppression, & languissent dans la misere ! Des nations entières ne sont-elles pas forcées de s'arracher le pain de la bouche pour fournir aux extravagances de quelques sombres tyrans qui ne sont pas plus heureux que les esclaves qu'ils écrasent ?

En même temps que nos docteurs nous étalent avec emphase les bontés de la providence, en même temps qu'ils nous exhortent à mettre en elle notre confiance, ne les voyons-nous pas s'écrier à la vue des catastrophes imprévues, que *la providence se joue des vains projets des hommes*, qu'elle renverse leurs desseins, qu'elle se rit de leurs efforts ; que sa profonde sagesse se plaît à dérouter les esprits des mortels ? Mais comment prendre confiance en une providence maligne qui se rit, qui se joue du genre humain ? Comment veut-on que j'admire la marche inconnue d'une sagesse cachée, dont la façon d'agir est inexplicable pour moi ? Jugez-la par ses effets, direz-vous ; c'est par là que j'en juge ; & je trouve que ces effets sont tantôt utiles, & tantôt fâcheux pour moi.

On croit justifier la providence en disant que dans ce monde il a beaucoup plus de biens que de maux pour chacun des individus de l'espece humaine. En supposant que les biens, dont cette providence nous fait jouir, sont comme *cent*, & que les maux sont comme *dix*, n'en résultera-t-il pas toujours que contre cent degrés de bonté, la providence possede un dixieme de malignité ; ce qui est incompatible avec la perfection qu'on lui suppose.

Tous les livres sont remplis des éloges les plus flatteurs de la providence, dont on vante les soins attentifs ; il sembleroit que, pour vivre heureux ici-bas, l'homme n'auroit besoin de rien mettre du sien. Cependant sans son travail l'homme subsisteroit à peine un jour. Pour vivre, je le vois obligé de suer, de labourer, de chasser, de pêcher, de travailler sans relâche : sans ces causes secondes, la cause premiere, au moins dans la plupart des contrées, ne pourvoiroit à aucun de ses besoins. Si je porte mes regards sur toutes les parties de ce globe, je vois l'homme sauvage & l'homme civilisé dans une lutte perpétuelle avec la providence : il est dans la nécessité de parer les coups qu'elle lui porte par les ouragans, les tempêtes, les gelées, les grêles, les inondations, les sécheresses & les accidents divers qui rendent si souvent tous ses travaux inutiles. En un mot, je vois la race humaine continuellement occupée à se garantir des mauvais tours de cette providence que l'on dit occupée du soin de son bonheur.

Un dévot admiroit la providence divine, pour avoir sagement fait passer des rivieres par tous les endroits où les hommes ont placé de grandes villes. La façon de raisonner de cet homme n'est-elle pas aussi sensée que celle de tant de savants qui ne cessent de nous parler de *causes finales*, ou qui prétendent appercevoir clairement les vues bienfaisantes de Dieu dans la formation des choses ?

§. 53.

VOYONS-NOUS donc que la providence divine se manifeste d'une façon bien sensible dans la conservation des ouvrages admirables dont on lui fait honneur ? Si c'est elle qui gouverne le monde, nous la trouvons autant occupée à détruire qu'à former, à exterminer qu'à produire. Ne fait-elle donc pas périr à chaque instant par milliers ces mêmes hommes, à la conservation & au bien-être desquels on la suppose continuellement attentive ? A tout moment elle perd de vue sa créature chérie : tantôt elle ébranle sa demeure, tantôt elle anéantit ses moissons, tantôt elle inonde ses champs, tantôt elle les désole par une sécheresse brûlante ; elle arme la nature entiere contre l'homme ; elle arme l'homme lui-même contre sa propre espece ; elle finit communément par le faire expirer dans les douleurs. Est-ce donc là ce qu'on appelle conserver l'univers ?

Si l'on envisageoit sans préjugé la conduite équivoque de la providence, relativement à l'espece humaine & à tous les êtres sensibles, on trouveroit que bien-loin de ressembler à une mere tendre & soigneuse, elle ressemble plutôt à ces meres dénaturées qui, oubliant sur le champ les fruits infortunés de leurs amours lubriques, abandonnent leurs enfants dès qu'ils sont nés, & qui, contentes de les avoir engendrés, les exposent sans secours aux caprices du sort.

Les Hottentots, en cela bien plus sages que d'autres nations qui les traitent de barbares, refusent, dit-on, d'adorer Dieu, parce que *s'il fait souvent du bien, il fait souvent du mal.* Ce raisonnement n'est-il pas plus juste & plus conforme à l'expérience, que celui de tant d'hommes qui s'obstinent à ne voir dans leur Dieu que bonté, que sagesse, que prévoyance ; & qui refusent de voir que les maux sans nombre, dont ce monde est le théatre, doivent partir de la même main qu'ils baisent avec transport.

§. 54.

§. 54.

La logique du bon sens nous apprend que l'on ne peut & ne doit juger d'une cause que par ses effets. Une cause ne peut être réputée constamment bonne, que quand elle produit constamment des effets bons, utiles, agréables. Une cause qui produit & du bien & du mal, est une cause tantôt bonne & tantôt mauvaise. Mais la logique de la théologie vient détruire tout cela. Selon elle, les phénomenes de la nature, ou les effets que nous voyons dans ce monde, nous prouvent l'existence d'une cause infiniment bonne, & cette cause c'est Dieu. Quoique ce monde soit rempli de maux; quoique le désordre y regne très-souvent; quoique les hommes gémissent à tout moment du sort qui les accable, nous devons être convaincus que ces effets sont dus à une cause bienfaisante & immuable; & bien des gens le croient, ou font semblant de le croire!

Tout ce qui se passe dans le monde nous prouve de la façon la plus claire qu'il n'est point gouverné par un être intelligent. Nous ne pouvons juger de l'intelligence d'un être que par la conformité des moyens qu'il emploie pour parvenir au but qu'il se propose. Le but de Dieu est, dit-on, le bonheur de notre espece: cependant une même nécessité regle le sort de tous les êtres sensibles, qui ne naissent que pour souffrir beaucoup, jouir peu & mourir. La coupe de l'homme est remplie de joie & d'amertume; par-tout le bien est à côté du mal; l'ordre est remplacé par le désordre; la génération est suivie de la destruction. Si vous me dites que les desseins de Dieu sont des mysteres, & que ses voies sont impossibles à démêler;

je vous répondrai que, dans ce cas, il m'est impossible de juger si Dieu est intelligent.

§. 55.

Vous prétendez que Dieu est immuable ! mais qu'est-ce qui produit une instabilité continuelle dans ce monde, dont vous faites son empire ? Est-il un état sujet à des révolutions plus fréquentes & plus cruelles que celui de ce monarque inconnu ? Comment attribuer à un Dieu immuable, assez puissant pour donner la solidité à ses ouvrages, le gouvernement d'une nature où tout est dans une vicissitude continuelle ? Si je crois voir un Dieu constant dans tous les effets avantageux pour mon espece, quel Dieu puis-je voir dans les disgraces continuelles dont mon espece est accablée ? Vous me dites que ce sont nos péchés qui le forcent à punir ! je vous répondrai que Dieu, selon vous-mêmes, n'est donc point immuable, puisque les péchés des hommes le forcent à changer de conduite à leur égard. Un être qui tantôt s'irrite, & tantôt s'appaise, peut-il être constamment le même ?

§. 56.

L'univers n'est que ce qu'il peut être : tous les êtres sensibles y jouissent & y souffrent, c'est-à-dire, sont remués tantôt d'une façon agréable, & tantôt d'une façon désagréable. Ces effets sont nécessaires ; ils résultent nécessairement de causes qui n'agissent que suivant leurs propriétés. Ces effets me plaisent ou me déplaisent nécessairement par une suite de ma propre nature. Cette même nature me force à éviter, à écarter & à combattre les uns, & à chercher, à desirer, à me procurer les autres. Dans un monde où tout est nécessaire, un Dieu qui ne remédie à rien, qui laisse aller les choses d'après leur cours nécessaire, est-il donc autre chose que le *destin* ou la nécessité personnifiée ? C'est un Dieu sourd qui ne peut rien changer à des loix générales auxquelles il est soumis lui-même. Que m'importe l'infinie puissance d'un être qui ne veut faire que très-peu de choses en ma faveur ? Où est l'infinie bonté d'un être, indifférent sur mon bonheur ? A quoi me sert la faveur d'un être qui, pouvant me faire un bien infini, ne m'en fait pas même un fini ?

§. 57.

Lorsque nous demandons pourquoi sous un Dieu bon il se trouve tant de misérable : on nous console en nous disant que le monde actuel n'est qu'un passage, destiné à conduire l'homme à un monde plus heureux. On nous assure que la terre où nous vivons, est un séjour d'épreuves. Enfin on nous ferme la bouche en disant que Dieu n'a pu communiquer à ses créatures ni l'impassibilité, ni un bonheur infini, réservés pour lui seul. Comment se contenter de ces réponses ? 1°. L'existence d'une autre vie n'a pour garant que l'imagination des hommes, qui, en la supposant, n'ont fait que réaliser le desir qu'ils ont de se survivre à eux-mêmes, afin de jouir par la suite d'un bonheur plus durable & plus pur, que celui dont ils jouissent à présent. 2°. Comment concevra-t-on qu'un Dieu, qui sait tout & qui doit connoître à fond les dispositions de ses créatures, ait encore besoin de tant d'épreuves pour s'assurer de leurs dispositions ? 3°. Suivant les calculs de nos chronologistes, la terre que nous habitons subsiste depuis six ou sept mille ans. Depuis ce temps les nations ont, sous diverses formes, éprouvé sans cesse des vicissitudes & des calamités affligeantes : l'histoire nous montre l'espece humaine tourmentée & désolée de tout temps par des tyrans, des conquérants, des héros des guerres, des inondations, des famines, des épidémies, &c. Des épreuves si longues sont-elles donc de nature à nous inspirer une confiance bien grande dans les vues cachées de la divinité ? Tant de maux si constants nous donnent-ils une haute idée du sort futur que sa bonté nous prépare ? 4°. Si Dieu est aussi-bien disposé qu'on l'assure, sans donner aux hommes un bonheur infini, n'auroit-il pas pu, du moins, leur communiquer le degré de bonheur dont des êtres finis sont susceptibles ici-bas ? Pour être heureux avons-nous donc besoin d'un bonheur infini ou divin ? 5° Si Dieu n'a pas pu rendre les hommes plus heureux qu'ils ne sont ici-bas, que deviendra l'espoir d'un *paradis*, où l'on prétend que les élus jouiront à jamais d'un bonheur ineffable ? Si Dieu n'a ni pu ni voulu écarter le mal de la terre, le seul séjour que nous puissions connoître, quelle raison aurions-nous de présumer qu'il pourra ou qu'il voudra écarter le mal d'un autre monde dont nous n'avons aucune idée ?

Il y a plus de deux mille ans que, suivant Lactance, le sage Epicure a dit : « ou Dieu veut em-
» pêcher le mal, & il ne peut y parvenir ; ou
» il le peut & ne le veut pas ; ou il ne le veut ni
» ne le peut, ou il le veut & le peut. S'il le veut
» sans le pouvoir, il est impuissant : s'il le peut
» & ne le veut pas, il auroit une malice qu'on

» ne doit pas lui attribuer : s'il ne le peut ni ne
» le veut, il seroit à la fois impuissant & malin,
» & par conséquent il ne seroit pas Dieu : s'il le
» veut & s'il le peut, d'où vient donc le mal,
» ou pourquoi ne l'empêche-t-il pas ? » Depuis
plus de deux mille ans, les bons esprits attendent une solution raisonnable de ces difficultés,
& nos docteurs nous apprennent qu'elles ne
seront levées que dans la vie future.

§. 58.

ON nous parle d'une prétendue *échelle des êtres*. On suppose que Dieu a partagé ses créatures en des classes différentes dans lesquelles chacune jouit du degré de bonheur dont elles sont susceptibles. Selon cet arrangement romanesque, depuis l'huître jusqu'aux anges célestes, tous les êtres jouissent d'un bien-être qui leur est propre. L'expérience contredit formellement cette sublime rêverie. Dans le monde où nous sommes, nous voyons tous les êtres sentants souffrir & vivre au milieu des dangers. L'homme ne peut marcher sans blesser, tourmenter, écraser une multitude d'êtres sensibles qui se rencontrent sur son chemin, tandis que lui-même à chaque pas est exposé à une foule de maux prévus ou imprévus qui peuvent le conduire à sa destruction. L'idée seule de la mort ne suffit-elle pas pour le troubler au sein des jouissances les plus vives ? Pendant tout le cours de sa vie, il est en butte à des peines ; il n'est pas sûr un moment de conserver son existence, à laquelle on le voit si fortement attaché, & qu'il regarde comme le plus grand présent de la divinité.

§. 59.

Le monde, dira-t-on, a toute la perfection dont il étoit susceptible : par la raison même que le monde n'étoit pas le Dieu qui l'a fait, il a fallu qu'il eût & de grandes qualités & de grands défauts. Mais nous répondrons que le monde, devant nécessairement avoir de grands défauts, il eût été plus conforme à la nature d'un Dieu bon, de ne point créer un monde qu'il ne pouvoit rendre complétement heureux. Si Dieu, qui étoit, selon vous, souverainement heureux avant le monde créé, eût continué d'être souverainement heureux sans le monde créé, que ne demeuroit-il en repos ? pourquoi faut-il que l'homme souffre ? pourquoi faut-il que l'homme existe ? qu'importe son existence à Dieu ? de rien ou de quelque chose ? Si son existence ne lui est point utile ou nécessaire, que ne le laissoit-il dans le néant ? Si son existence est nécessaire à sa gloire, il avoit donc besoin de l'homme, il lui manquoit quelque chose avant que cet homme existât. On peut pardonner à un ouvrier mal-adroit de faire un ouvrage imparfait, car il faut qu'il travaille bien ou mal, sous peine de mourir de faim : cet ouvrier est excusable, mais votre Dieu ne l'est point ; selon vous, il se suffit à lui même, dans ce cas, pourquoi fait-il des hommes ? Il a, selon vous, tout ce qu'il faut pour rendre les hommes heureux, pourquoi donc ne le fait-il pas ? Concluez que votre Dieu a plus de malice que de bonté ; à moins que vous ne consentiez à dire que Dieu a été nécessité de faire ce qu'il a fait, sans pouvoir le faire autrement : cependant vous assurez que votre Dieu est libre : vous dites aussi qu'il est immuable, quoique commençant dans le temps, & cessant dans le temps, d'exercer sa puissance, ainsi que tous les êtres inconstants de ce monde. O théologiens ! vous avez fait de vains efforts pour affranchir votre Dieu de tous les défauts de l'homme, il est toujours resté à ce Dieu si parfait, *un bout de l'oreille* humaine.

§. 60.

« Dieu n'est-il pas le maître de ses graces ?
» N'est-il pas en droit de disposer de son bien ?
» Ne peut-il pas le reprendre ? Il n'appartient
» point à sa créature de lui demander raison de
» sa conduite ; il peut disposer à son gré des
» ouvrages de ses mains ; souverain absolu des
» mortels il distribue le bonheur ou le malheur
» suivant son bon plaisir. » Voilà les solutions que les théologiens nous donnent pour nous consoler des maux que Dieu nous fait. Nous leur dirons qu'un Dieu, qui seroit infiniment bon, ne seroit point *le maître de ses graces*, mais seroit par sa nature même obligé de les répandre sur ses créatures : nous leur dirons qu'un être, vraiment bienfaisant, ne se croit pas en droit de s'abstenir de faire du bien : nous leur dirons qu'un être, vraiment généreux, ne reprend pas ce qu'il a donné, & que tout homme qui le fait, dispense de la reconnoissance, & n'est pas en droit de se plaindre d'avoir fait des ingrats.

Comment concilier la conduite arbitraire & bizarre que les théologiens prêtent à Dieu, avec la religion, qui suppose un pacte ou des engagements réciproques entre ce Dieu & les hommes ? Si Dieu ne doit rien à ses créatures, celles-ci de leur côté ne peuvent rien devoir à leur

Dieu. Toute religion est fondée sur le bonheur que les hommes se croient en droit d'attendre de la divinité qui est supposée leur dire : *aimez-moi, adorez-moi, obéissez-moi, & je vous rendrai heureux.* Les hommes de leur côté lui disent : *rendez-nous heureux, soyez fidele à vos promesses, & nous vous aimerons, nous vous adorerons, nous obéirons à vos loix.* En négligeant le bonheur de ses créatures, en distribuant ses faveurs & ses graces suivant sa fantaisie, en reprenant ses dons, Dieu ne rompt-il pas le pacte qui sert de base à toute religion ?

Cicéron a dit, avec raison, que *si Dieu ne se rend pas agréable à l'homme, il ne peut être son Dieu* (4). La bonté constitue la divinité : cette bonté ne peut se manifester à l'homme que par les biens qu'il éprouve ; dès qu'il est malheureux, cette bonté disparoît, & fait disparoître en même temps la divinité. Une bonté infinie ne peut être ni limitée, ni partiale, ni exclusive. Si Dieu est infiniment bon, il doit le bonheur à toutes ses créatures ; un seul être malheureux suffiroit pour anéantir une bonté sans bornes. Sous un Dieu infiniment bon & puissant, est-il possible de concevoir qu'un seul homme puisse souffrir ? Un animal, un ciron qui souffrent, fournissent des arguments invincibles contre la providence divine & ses bontés infinies.

§. 61.

Suivant les théologiens, les afflictions & les maux de cette vie sont des châtiments que les

___

(4) *Nisi Deus homini placuerit, Deus non erit.*

hommes coupables s'attirent de la part de la divinité. Mais pourquoi les hommes sont-ils coupables ? Si Dieu est tout-puissant, lui en coûte-t-il plus de dire que tout en ce monde demeure dans l'ordre, que tous mes sujets soient bons, innocents, fortunés, que de dire *que tout existe* ? Etoit-il plus difficile à ce Dieu de bien faire son ouvrage, que de le faire si mal ? Y avoit-il plus loin de la non-existence des êtres à leur existence sage & heureuse, que de leur non-existence à leur existence insensée & misérable ?

La religion nous parle d'un *enfer*, c'est-à-dire, d'un séjour affreux, où, nonobstant sa bonté, Dieu réserve des tourments infinis au plus grand nombre des hommes. Ainsi, après avoir rendu les mortels très-malheureux en ce monde, la religion leur fait entrevoir que Dieu pourra bien les rendre encore plus malheureux dans un autre. On s'en tire en disant que pour lors la bonté de Dieu fera place à sa justice. Mais une bonté qui fait place à la cruauté la plus terrible, n'est pas une bonté infinie. D'ailleurs un Dieu qui, après avoir été infiniment bon, devient infiniment méchant, peut-il être regardé comme un être immuable ? Un Dieu rempli d'une fureur implacable, est-il un Dieu dans lequel on puisse retrouver l'ombre de la clémence ou de la bonté ?

§. 62.

La justice divine, telle que nos docteurs la peignent, est sans doute une qualité bien propre à nous faire chérir la divinité ! D'après les notions de la théologie moderne, il paroît évident que Dieu n'a créé le plus grand nombre des hommes, que dans la vue de les mettre à portée d'encourir des supplices éternels. N'eût-il donc pas été plus conforme à la bonté, à la raison, à l'équité de ne créer que des pierres ou de plantes, & de ne point créer des êtres sensibles, que de former des hommes, dont la conduite, en ce monde, pouvoit leur attirer, dans l'autre, des châtiments sans fin? Un Dieu assez perfide & malin pour créer un seul homme, & pour le laisser ensuite exposé au péril de se damner, ne peut pas être regardé comme un être parfait, mais comme un monstre de déraison, d'injustice, de malice & d'atrocité. Bien-loin de composer un Dieu parfait, les théologiens n'ont formé que le plus imparfait des êtres.

Suivant les notions théologiques Dieu ressembleroit à un tyran qui, ayant fait crever les yeux au plus grand nombre de ses esclaves, les renfermeroit dans un cachot où, pour se donner du passe-temps, il observeroit *incognitò* leur conduite par une trappe, afin d'avoir occasion de punir cruellement tous ceux qui, en marchant, se seroient heurtés les uns les autres, mais qui récompenseroit magnifiquement le petit nombre de ceux à qui il auroit laissé la vue, pour avoir eu l'adresse d'éviter la rencontre de leurs camarades. Telles sont les idées que le dogme de la *prédestination gratuite* nous donne de la divinité!

Quoique les hommes se tuent de nous répéter que leur Dieu est infiniment bon, il est évident qu'au fond ils n'en peuvent rien croire. Comment aimer ce qu'on ne connoît pas? Comment aimer un être dont l'idée n'est propre qu'à jeter dans l'inquiétude & le trouble? Comment aimer un être que tout ce qu'on en dit conspire à rendre souverainement haïssable?

§. 63.

Bien des gens nous font une distinction subtile entre la religion véritable & la *superstition*: ils nous disent que celle-ci n'est qu'une crainte lâche & déréglée de la divinité; que l'homme vraiment religieux a de la confiance en son Dieu, & l'aime sincérement, au lieu que le superstitieux ne voit en lui qu'un ennemi, n'a nulle confiance en lui, & se le représente comme un tyran ombrageux, cruel, avare de ses bienfaits, prodigue de ses châtiments. Mais au fond toute religion ne nous donne-t-elle pas ces mêmes idées de Dieu? En même temps que l'on nous dit que Dieu est infiniment bon, ne nous répete-t-on pas sans cesse qu'il s'irrite très-aisément, qu'il n'accorde ses graces qu'à peu de gens, qu'il châtie avec fureur ceux à qui il ne lui a pas plu de les accorder?

§. 64.

Si l'on prend ses idées de Dieu dans la nature des choses, où nous trouvons un mélange & de biens & de maux; ce Dieu, d'après le bien & le mal que nous éprouverons, doit naturellement nous paroître capricieux, inconstant, tantôt bon, tantôt méchant, & par là même, au lieu d'exciter notre amour, il doit faire naître la défiance, la crainte, l'incertitude dans nos cœurs. Il n'y a donc point de différence réelle entre la religion naturelle & la superstition la plus sombre & la plus servile. Si le théiste ne voit Dieu que du beau côté, le superstitieux l'envisage du côté le plus hideux. La folie de l'un est gaie, la folie de l'autre est lugubre, mais tous deux sont également en délire.

§. 65.

Si je puise mes idées de Dieu dans la théologie, Dieu ne se montre à moi que sous les traits les plus propres à repousser l'amour. Les dévots, qui nous disent qu'ils aiment sincérement leur Dieu, sont ou des menteurs ou des foux qui ne voient leur Dieu que de profil. Il est impossible d'aimer un être, dont l'idée n'est propre qu'à exciter la terreur, dont les jugements font frémir. Comment envisager sans alarmes un Dieu que l'on suppose assez barbare pour pouvoir nous damner?

Qu'on ne nous parle point d'une crainte *filiale*, ou d'une crainte respectueuse & mêlée d'amour, que les hommes doivent avoir pour leur Dieu. Un fils ne peut aucunement aimer son pere, quand il le sait assez cruel pour lui infliger des tourments recherchés, afin de le punir des moindres fautes qu'il pourroit avoir commises. Nul homme sur la terre ne peut avoir la moindre étincelle d'amour pour un Dieu qui réserve des chatiments, infinis pour la durée & la violence, aux quatre-vingt-dix-neuf centiemes de ses enfants.

§. 66.

Les inventeurs du dogme de l'éternité des peines de l'enfer ont fait du Dieu, qu'ils disent si bon, le plus détestable des êtres. La cruauté, dans les hommes, est le dernier terme de la méchanceté; il n'est point d'ame sensible qui ne soit émue & révoltée au récit seul des tourments qu'éprouve le plus grand des malfaiteurs; mais la cruauté est bien plus capable d'indigner, quand on la juge gratuite ou dépourvue de motifs. Les tyrans les plus sanguinaires, les Caligula, les Néron, les Domitien avoient au moins des motifs quelconques pour tourmenter leurs victimes, & pour insulter à leurs souffrances; ces motifs étoient, ou leur propre sûreté, ou la fureur de la vengeance, ou le dessein d'épouvanter par des exemples terribles, ou, peut-être, la vanité de faire parade de leur puissance & le desir de satisfaire une curiosité barbare. Un Dieu peut-il avoir aucun de ces motifs? En tourmentant les victimes de sa colere, il puniroit des êtres qui n'ont pu réellement ni mettre en danger son pouvoir inébranlable, ni troubler sa félicité que rien ne peut altérer. D'un autre côté, les supplices de l'autre vie seroient inutiles aux vivants, qui n'en peuvent être les témoins. Ces supplices seroient inutiles aux damnés, puisqu'en enfer on ne se convertit plus, & que le temps des miséricordes est passé. D'où il suit que Dieu dans l'exercice de sa vengeance éternelle n'auroit d'autre but que de s'amuser & d'insulter à la foiblesse de ses créatures.

J'en appelle au genre humain entier. Est-il dans la nature un homme qui se sente assez cruel, pour vouloir de sang-froid tourmenter, je ne dis pas son semblable, mais un être sensible quelconque, sans émolument, sans profit, sans curiosité, sans avoir rien à craindre? Concluez donc, ô théologiens! que, selon vos principes mêmes, votre Dieu est infiniment plus méchant que le plus méchant des hommes.

Vous me direz, peut-être, que *des offenses infinies méritent des châtiments infinis* : & moi je vous dirai que l'on n'offense point un Dieu dont le bonheur est infini. Je vous dirai de plus que les offenses des êtres finis ne peuvent être infinies.

Je vous dirai qu'un Dieu qui ne veut pas qu'on l'offense, ne peut pas consentir à faire durer les offenses de ses créatures pendant l'éternité. Je vous dirai qu'un Dieu infiniment bon ne peut pas être infiniment cruel, ni accorder à ses créatures une durée infinie, uniquement pour se donner le plaisir de les tourmenter sans fin.

Il n'y a que la barbarie la plus sauvage; il n'y a que la plus insigne fourberie; il n'y a que l'ambition la plus aveugle qui aient pu faire imaginer le dogme de l'éternité des peines. S'il existoit un Dieu que l'on pût offenser ou blasphêmer, il n'y auroit pas sur la terre de plus grands blasphémateurs que ceux qui osent dire que ce Dieu est un tyran assez pervers, pour se complaire pendant l'éternité aux tourments inutiles de ses foibles créatures.

§. 67.

PRÉTENDRE que Dieu peut s'offenser des actions des hommes, c'est anéantir toutes les idées que l'on s'efforce d'ailleurs de nous donner de cet être. Dire que l'homme peut troubler l'ordre de l'univers, qu'il peut allumer la foudre dans la main de son Dieu, qu'il peut dérouter ses projets; c'est dire que l'homme est plus fort que son Dieu, qu'il est l'arbitre de sa volonté, qu'il dépend de lui d'altérer sa bonté & de la changer en cruauté. La théologie ne fait sans cesse que détruire d'une main ce qu'elle bâtit de l'autre. Si toute religion est fondée sur un Dieu qui s'irrite & qui s'appaise, toute religion est fondée sur une contradiction palpable.

Toutes religions s'accordent à nous exalter la sagesse & la puissance infinies de la divinité; mais dès qu'elles nous exposent sa conduite, nous n'y trouvons qu'imprudence, que défaut de prévoyance, que foiblesse & folie. Dieu, dit-on, a créé le monde pour lui-même, & jusqu'ici jamais il n'a pu parvenir à s'y faire convenablement honorer. Dieu a créé les hommes afin d'avoir dans ses états des sujets qui lui rendissent leurs hommages, & nous voyons sans cesse les hommes révoltés contre lui !

§. 68.

On ne cesse de nous vanter les perfections divines, & dès que nous en demandons les preuves, on nous montre ses ouvrages dans lesquels on assure que ces perfections sont écrites en caracteres ineffaçables. Tous ces ouvrages sont pourtant imparfaits & périssables ; l'homme, que l'on ne cesse de regarder comme le chef-d'œuvre, comme l'ouvrage le plus merveilleux de la divinité, est rempli d'imperfections qui le rendent désagréable aux yeux de l'ouvrier tout-puissant qui l'a formé ; cet ouvrage surprenant devient souvent si révoltant & si odieux pour son auteur, qu'il se trouve obligé de le jeter au feu. Mais si l'ouvrage le plus rare de la divinité est imparfait, par où pourrions-nous juger des perfections divines ? Un ouvrage dont l'auteur est lui-même si peu content, peut-il nous faire admirer l'habileté de son ouvrier ? L'homme physique est sujet à mille infirmités, à des maux sans nombre, à la mort. L'homme morale est rempli de défauts, & cependant on se tue de nous dire qu'il est le plus bel ouvrage du plus parfait des êtres !

§. 69.

En créant des êtres plus parfaits que les hommes, il paroît que Dieu n'a jadis pas mieux réuffi, ni donné des preuves plus fortes de fa perfection. Ne voyons-nous pas, dans plufieurs religions, que des *anges*, des efprits purs fe font révoltés contre leur maître, & même ont prétendu le chaffer de fon trône? Dieu s'eft propofé le bonheur & des anges & des hommes, & jamais il n'a pu parvenir à rendre heureux ni les anges ni les hommes : l'orgueil, la malice, les péchés, les imperfections des créatures fe font toujours oppofés aux volontés du créateur parfait.

§. 70.

Toute religion eft vifiblement fondée fur le principe, que *Dieu propofe & l'homme difpofe*. Toutes les théologies du monde nous montrent un combat inégal entre la divinité d'une part, & fes créatures de l'autre. Dieu ne s'en tire jamais à fon honneur : malgré fa toute-puiffance, il ne peut venir à bout de rendre les ouvrages de fes mains tels qu'il voudroit qu'ils fuffent. Pour comble d'abfurdité, il eft une religion qui prétend que Dieu lui-même eft mort pour réparer la race humaine, & malgré cette mort les hommes ne font rien moins que ce que Dieu défireroit!

§. 71.

Rien de plus extravagant que le rôle, qu'en tout pays la théologie fait jouer à la divinité; fi la chofe étoit réelle, on feroit forcé de voir

en

en elle le plus capricieux & le plus insensé des êtres. On seroit obligé de croire que Dieu n'a fait le monde que pour être le théatre de ses guerres déshonorantes avec ses créatures ; qu'il n'a créé des anges, des hommes, des démons, des esprits malins que pour se faire des adversaires contre lesquels il pût exercer son pouvoir. Il les rend libres de l'offenser, assez malins pour dérouter ses projets, assez opiniâtres pour ne jamais se rendre ; le tout pour avoir le plaisir de se fâcher, de s'appaiser, de se réconcilier & de réparer le désordre qu'ils ont fait. En formant tout d'un coup ses créatures telles qu'elles devoient être pour lui plaire, que de peines la divinité ne se seroit-elle pas épargnées ? ou du moins que d'embarras n'eût-elle pas sauvés à ses théologiens ?

Suivant tous les systêmes religieux de la terre, Dieu ne semble occupé qu'à se faire du mal à lui-même : il en use comme ces charlatans qui se font de grandes blessures, pour avoir occasion de montrer au public la bonté de leur onguent. Nous ne voyons pourtant pas que jusqu'ici la divinité ait encore pu se guérir radicalement du mal qu'elle se fait faire par les hommes.

§. 72.

Dieu est l'auteur de tout : cependant on nous assure que le mal ne vient point de Dieu. D'où vient-il donc ? Des hommes. Mais, qui a fait les hommes ? C'est Dieu. C'est donc de Dieu que vient le mal. S'il n'eût pas fait les hommes tels qu'ils sont, le mal moral ou le péché n'existeroit pas dans le monde. C'est donc à Dieu qu'il faut s'en prendre de ce que l'homme est si pervers.

E.

Si l'homme a le pouvoir de mal-faire ou d'offenser Dieu, nous sommes forcés d'en conclure que Dieu veut être offensé ; que Dieu, qui a fait l'homme, a résolu que le mal se fît par l'homme ; sans cela l'homme seroit un effet contraire à la cause de laquelle il tient son être.

§. 73.

L'on attribue à Dieu la faculté de prévoir, ou de savoir d'avance tout ce qui doit arriver dans le monde ; mais cette prescience ne peut guere tourner à sa gloire, ni le mettre à couvert des reproches que les hommes pourroient légitimement lui faire. Si Dieu a la prescience de l'avenir, n'a-t-il pas dû prévoir la chûte de ses créatures qu'il avoit destinées au bonheur ? S'il a résolu dans ses décrets de permettre cette chûte, c'est sans doute parce qu'il a voulu que cette chûte eût lieu ; sans cela cette chûte ne seroit point arrivée. Si la prescience divine des péchés de ses créatures avoit été nécessaire ou forcée, on pourroit supposer que Dieu a été contraint par sa justice de punir les coupables : mais Dieu, jouissant de la faculté de tout prévoir, & de la puissance de tout prédéterminer, ne dépendoit-il pas de lui de ne pas s'imposer à lui-même des loix cruelles, ou du moins ne pouvoit-il pas se dispenser de créer des êtres qu'il pouvoit être dans le cas de punir & de rendre malheureux par un décret subséquent ? Qu'importe que Dieu ait destiné les hommes au bonheur ou au malheur par un décret antérieur, effet de sa prescience, ou par un décret postérieur, effet de sa justice ? L'arrangement de ses décrets change-t-il quelque chose au sort des malheureux ? Ne seront-ils pas également en droit de se plaindre d'un Dieu qui pouvant les laisser dans le néant, les en a pourtant tirés, quoiqu'il prévît très-bien que sa justice le forceroit tôt ou tard à les punir ?

§. 74.

« L'homme, dites-vous, en sortant des mains » de Dieu étoit pur, innocent & bon, mais sa » nature s'est corrompue en punition du péché. » Si l'homme a pu pécher, même au sortir des mains de Dieu, sa nature n'étoit donc pas parfaite. Pourquoi Dieu a-t-il permis qu'il péchât & que sa nature se corrompît ? Pourquoi Dieu l'a-t-il laissé séduire, sachant bien qu'il seroit trop foible pour résister au tentateur ? Pourquoi Dieu a-t-il créé un *Satan*, un esprit malin, un tentateur ? Pourquoi Dieu, qui vouloit tant de bien au genre humain, n'a-t-il pas anéanti une fois pour toutes tant de mauvais génies que leur nature rend ennemis de notre bonheur ? Ou plutôt, pourquoi Dieu a-t-il créé de mauvais génies, dont il devoit prévoir les victoires & les influences terribles sur toute la race humaine ? Enfin, par quelle fatalité dans toutes les religions du monde le mauvais principe a-t-il un avantage si marqué sur le bon principe, ou sur la divinité ?

§. 75.

On raconte un trait de simplicité qui fait honneur au bon cœur d'un moine Italien. Ce bon homme, prêchant un jour, se crut obligé d'annoncer à son auditoire que, graces au ciel ! à force d'y rêver, il avoit enfin découvert un moyen sûr de rendre tous les hommes heureux. « Le diable, disoit-il, ne tente les hommes que » pour avoir en enfer des compagnons de son » malheur ; adressons-nous donc au pape, qui » possede les clefs & du paradis & de l'enfer ; » engageons-le à prier Dieu à la tête de toute » l'église, de vouloir bien se réconcilier avec le » diable, le reprendre en faveur, le rétablir » dans son premier rang, ce qui ne peut man- » quer de mettre fin à ses projets sinistres contre » le genre humain. » Le bon moine ne voyoit peut-être pas que le diable est pour le moins aussi utile que Dieu aux ministres de la religion ; ceux-ci se trouvent trop bien de leurs brouille- ries, pour se prêter à un accommodement entre deux ennemis, sur les combats desquels leur existence & leurs revenus sont fondés. Si les hommes cessoient d'être tentés & de pécher, le ministere des prêtres leur deviendroit inutile. Le *manichéisme* est évidemment le pivot de toutes les religions ; mais, par malheur, le diable, inventé pour justifier la divinité du soupçon de malice, nous prouve à tout moment l'im- puissance ou la mal-adresse de son céleste adver- saire.

§. 76.

LA nature de l'homme a dû, dit-on, nécessai- rement se corrompre ; Dieu n'a pu lui commu- niquer l'*impeccabilité* qui est une portion inalié- nable de la perfection divine. Mais si Dieu n'a pu rendre l'homme impeccable, pourquoi s'est-il donné la peine de créer l'homme, dont la nature devoit nécessairement se corrompre, & qui, con- séquemment, devoit nécessairement offenser Dieu?

D'un autre côté, si Dieu lui-même n'a pu rendre la nature humaine impeccable, de quel droit punit-il les hommes de n'être point impeccables ? Ce ne peut être que par le droit du plus fort ; mais le droit du plus fort s'appelle violence, & la violence ne peut convenir au plus juste des êtres. Dieu seroit souverainement injuste, s'il punissoit les hommes de n'avoir point en partage les perfections divines, ou pour ne pouvoir pas être des dieux comme lui.

Dieu n'auroit-il pas pu du moins communiquer à tous les hommes la sorte de perfection, dont leur nature est susceptible ? Si quelques hommes sont bons, ou se rendent agréables à leur Dieu, pourquoi ce Dieu n'a-t-il pas fait la même grace, ou donné les mêmes dispositions à tous les êtres de notre espece ? Pourquoi le nombre des méchants excede-t-il si fort le nombre des gens de bien ? Pourquoi, contre un ami, Dieu trouve-t-il dix mille ennemis dans un monde, qu'il ne tenoit qu'à lui de peupler d'honnêtes gens ? S'il est vrai que dans le ciel Dieu ait le projet de se former une cour de saints, d'élus ou d'hommes qui auront vécu sur la terre conformément à ses vues, n'eût-il pas eu une cour plus nombreuse, plus brillante, plus honorable pour lui, s'il l'eût composée de tous les hommes à qui, en les créant, il pouvoit accorder le degré de bonté nécessaire pour parvenir au bonheur éternel ? Enfin n'étoit-il pas plus court de ne point tirer l'homme du néant, que de le créer pour en faire un être plein de défauts, rebelle à son créateur, perpétuellement exposé à se perdre lui-même par un abus fatal de sa liberté ?

Au lieu de créer des hommes, un Dieu parfait n'auroit dû créer que des anges bien dociles & soumis. Les anges, dit-on, sont libres; quelques-uns d'entre eux ont péché : mais au moins tous n'ont pas péché; tous n'ont point abusé de leur liberté pour se révolter contre leur maître. Dieu n'auroit-il pas pu ne créer que des anges de la bonne espece ? Si Dieu a créé des anges qui n'ont pas péché, ne pouvoit-il pas créer des hommes impeccables, ou qui jamais n'abusassent de leur liberté pour mal-faire ? Si les élus sont incapables de pécher dans le ciel, Dieu n'auroit-il pas pu faire des hommes impeccables sur la terre ?

§. 77.

On ne manque pas de nous dire que l'énorme distance qui sépare Dieu & les hommes, fait que nécessairement la conduite de ce Dieu est un mystere pour nous, & que nous ne pouvons avoir le droit d'interroger notre maître. Cette réponse est-elle donc satisfaisante ? Puisqu'il s'agit, selon vous, de mon bonheur éternel, ne suis-je donc pas en droit d'examiner la conduite de Dieu lui-même ? Ce n'est qu'en vue du bonheur que les hommes en esperent, qu'ils sont soumis à l'empire d'un Dieu. Un despote à qui les hommes ne se soumettroient que par la crainte, un maître que l'on ne peut interroger, un souverain totalement inaccessible ne peut mériter les hommages des êtres intelligents. Si la conduite de Dieu est un mystere pour moi, elle n'est point faite pour moi. L'homme ne peut ni adorer, ni admirer, ni respecter, ni imiter une conduite, dans laquelle tout est impossible à concevoir, ou dont il ne peut souvent se faire que des idées révoltantes; à moins qu'on ne prétende qu'il faut adorer toutes les choses que l'on est forcé d'ignorer, & que tout ce qu'on n'entend pas devient dès-lors admirable.

Prêtres! vous nous criez sans cesse que les desseins de Dieu sont impénétrables; que *ses voies ne sont pas nos voies; que ses pensées ne sont pas nos pensées;* que c'est une folie de se plaindre de son administration, dont les motifs & les ressorts nous sont entièrement inconnus: qu'il y a de la témérité à taxer ses jugements d'être injustes, parce qu'ils sont incompréhensibles pour nous! Mais ne voyez-vous pas qu'en parlant sur ce ton, vous détruisez de vos propres mains tous vos profonds systèmes qui n'ont pour but que de nous expliquer les voies de la divinité, que vous dites *impénétrables?* Ces jugements, ces voies & ces desseins, les avez-vous donc pénétrés? Vous n'osez pas le dire, & quoique vous en raisonniez sans fin, vous ne les comprenez pas plus que nous. Si par hasard vous connoissez le plan de Dieu que vous nous faites admirer, tandis que bien des gens le trouvent si peu digne d'un être juste, bon, intelligent, raisonnable; ne dites plus que ce plan est *impénétrable*. Si vous l'ignorez comme nous, ayez quelque indulgence pour ceux qui confessent ingénument qu'ils n'y comprennent rien, ou qu'ils n'y voient rien de divin. Cessez de persécuter pour des opinions, auxquelles vous n'entendez rien vous-mêmes; cessez de vous déchirer les uns les autres pour des rêves & des conjectures, que tout semble contredire. Parlez-nous de choses intelligibles & vraiment utiles pour l'homme, & ne nous parlez plus des voies *impé-*

nétrables d'un Dieu, sur lesquelles vous ne faites que balbutier & vous contredire.

En nous parlant sans cesse des profondeurs immenses de la sagesse divine ; en nous défendant de sonder des abymes ; en nous disant qu'il y a de l'insolence à citer Dieu au tribunal de notre chétive raison ; en nous faisant un crime de juger notre maître, les théologiens ne nous apprennent rien que l'embarras où ils se trouvent, quand il s'agit de rendre compte de la conduite d'un Dieu, qu'ils ne trouvent merveilleuse que parce qu'ils sont dans l'impossibilité totale d'y rien comprendre eux-mêmes.

§. 78.

Le mal physique passe communément pour être la punition du péché. Les calamités, les maladies, les famines, les guerres, les tremblements de terre sont des moyens dont Dieu se sert pour châtier les hommes pervers. Ainsi l'on ne fait pas difficulté d'attribuer ces maux à la sévérité d'un Dieu juste & bon. Cependant ne voyons-nous pas ces fléaux tomber indistinctement sur les bons & sur les méchants, sur les impies & sur les dévots, sur les innocents & sur les coupables ? Comment veut-on nous faire admirer dans ce procédé la justice & la bonté d'un être, dont l'idée paroît si consolante à tant de malheureux ? Il faut sans doute que ces malheureux aient le cerveau troublé par leurs infortunes, puisqu'ils oublient que leur Dieu est l'arbitre des choses, le dispensateur unique des événements de ce monde ; dans ce cas, ne seroit-ce pas à lui qu'ils devroient s'en prendre des maux, dont ils voudroient se consoler entre ses bras ? Père infortuné ! tu te consoles dans le sein de la providence de la perte d'un enfant chéri, ou d'une épouse qui faisoit ton bonheur! hélas! ne vois-tu pas que ton Dieu les a tués? Ton Dieu t'a rendu misérable, & tu veux que ton Dieu te console des coups affreux qu'il t'a portés!

Les notions fantasques ou surnaturelles de la théologie ont réussi tellement à renverser dans l'esprit humain les idées les plus simples, les plus claires, les plus naturelles, que les dévots, incapables d'accuser Dieu de malice, s'accoutument à regarder les plus tristes coups du sort comme des preuves indubitables de la bonté céleste. Sont-ils dans l'affliction, on leur ordonne de croire que Dieu les aime, que Dieu les visite, que Dieu veut les éprouver. Ainsi la religion est parvenue à changer le mal en bien. Un profane disoit avec raison; *Si le bon Dieu traite ainsi ceux qu'il aime, je le prie très-instamment de ne point songer à moi.*

Il a fallu que les hommes eussent pris des notions bien sinistres & bien cruelles de leur Dieu, qu'ils disent si bon, pour se persuader que les calamités les plus affreuses & les afflictions les plus cuisantes sont des signes de sa faveur. Un génie mal-faisant, un démon seroit-il donc plus ingénieux à tourmenter ses ennemis, que ne l'est quelquefois le Dieu de la bonté, si souvent occupé à faire sentir ses rigueurs à ses plus chers amis?

§. 79.

QUE dirions-nous d'un pere qu'on nous assureroit veiller sans relâche à la conservation & au bien-être de ses enfants foibles & sans prévoyance, & qui pourtant leur laisseroit la liberté d'errer à l'aventure au milieu des rochers, des précipices & des eaux ; qui ne les empêcheroit que rarement de ſuivre leurs appétits déſordonnés ; qui leur permettroit de manier, ſans précaution, des armes meurtrieres, au riſque de s'en bleſſer grièvement ? Que penſerions-nous de ce même pere, ſi, au lieu de s'en prendre à lui-même du mal qui ſeroit arrivé à ſes pauvres enfants, il les puniſſoit de leurs écarts de la façon la plus cruelle ? Nous dirions, avec raiſon, que ce pere eſt un fou qui joint l'injuſtice à la ſottiſe.

Un Dieu qui punit les fautes qu'il auroit pu empêcher, eſt un être qui manque & de ſageſſe, & de bonté, & d'équité. Un Dieu prévoyant préviendroit le mal, &, par là même, ſe verroit diſpenſé de le punir. Un Dieu bon ne puniroit pas des foibleſſes qu'il ſauroit inhérentes à la nature humaine. Un Dieu juſte, s'il a fait l'homme, ne puniroit pas l'homme de ne l'avoir pas fait aſſez fort pour réſiſter à ſes deſirs. Punir la foibleſſe, c'eſt la plus injuſte des tyrannies. N'eſt-ce pas calomnier un Dieu juſte, que de dire qu'il punit les hommes de leurs fautes, même dans la vie préſente ? Comment puniroit-il des êtres qu'il ne tiendroit qu'à lui de corriger, & qui, tant qu'ils n'ont pas reçu la *grace*, ne peuvent agir autrement qu'ils ne font.

Suivant les principes des théologiens eux-mêmes, l'homme, dans ſon état actuel de corruption, ne peut faire que du mal, puiſque ſans la grace divine il n'a jamais la force de faire le bien : or, ſi la nature de l'homme, abandonnée à elle-même, ou deſtituée des ſecours divins, le détermine néceſſairement au mal, ou le rend incapable de faire le bien, que devient le *libre* arbitre de l'homme ? D'après de tels principes, l'homme ne peut ni mériter ni démériter : en récompensant l'homme du bien qu'il fait, Dieu ne feroit que se récompenser lui-même ; en punissant l'homme du mal qu'il fait, Dieu le puniroit de ne lui avoir pas donné la grace, sans laquelle il étoit dans l'impossibilité de mieux faire.

§. 80.

Les théologiens nous disent & nous répetent que l'homme est libre, tandis que tous leurs principes conspirent à détruire la liberté de l'homme. En voulant justifier la divinité, ils l'accusent réellement de la plus noire des injustices. Ils supposent que sans la grace l'homme est nécessité à malfaire, & ils assurent que Dieu le punira pour ne lui avoir point donné la grace de faire le bien !

Pour peu qu'on réfléchisse, on sera forcé de reconnoître que l'homme est nécessité dans toutes ses actions, & que son libre arbitre est une chimere, même dans le systême des théologiens. Dépend-il de l'homme de naître ou de ne pas naître de tels ou de tels parents ? Dépend-il de l'homme de prendre ou de ne pas prendre les opinions de ses parents & de ses instituteurs ? Si j'étois né de parents idolâtres ou mahométans, eut-il dépendu de moi de devenir chrétien ? Cependant de graves docteurs nous assurent qu'un Dieu juste damnera sans pitié tous ceux à qui il n'aura pas fait la grace de connoître la religion des chrétiens !

La naissance de l'homme ne dépend aucunement de son choix ; on ne lui a pas demandé s'il vouloit venir ou ne pas venir au monde. La nature ne l'a pas consulté sur le pays & les parents qu'elle lui a donnés. Ses idées acquises, ses opinions, ses notions, vraies ou fausses, sont des fruits nécessaires de l'éducation qu'il a reçue, & dont il n'a point été le maître. Ses passions & ses desirs sont des suites nécessaires du tempérament que la nature lui a donné, & des idées qui lui ont été inspirées. Durant tout le cours de sa vie, ses volontés & ses actions sont déterminées par ses liaisons, ses habitudes, ses affaires, ses plaisirs, ses conversations, les pensées qui se présentent involontairement à lui ; en un mot, par une foule d'événements & d'accidents qui sont hors de son pouvoir. Incapable de prévoir l'avenir, il ne sait ni ce qu'il voudra, ni ce qu'il fera dans l'instant qui doit suivre immédiatement l'instant où il se trouve. L'homme arrive à sa fin sans que, depuis le moment de sa naissance, jusqu'à celui de sa mort, il ait été libre un instant.

L'homme, direz-vous, veut, délibere, choisit, se détermine, & vous en conclurez que ses actions sont libres. Il est vrai que l'homme veut, mais il n'est pas maître de sa volonté ou de ses desirs ; il ne peut desirer & vouloir que ce qu'il juge avantageux pour lui-même ; il ne peut pas aimer la douleur, ni détester le plaisir. L'homme, dira-t-on, préfere quelquefois la douleur au plaisir ; mais alors il préfere une douleur passagere dans la vue de se procurer un plaisir plus grand ou plus durable. Dans ce cas, l'idée d'un plus grand bien le détermine nécessairement à se priver d'un bien moins considérable.

Ce n'est pas l'amant qui donne à sa maîtresse les traits dont il est enchanté ; il n'est donc pas le maître d'aimer ou de ne pas aimer l'objet de sa tendreſſe; il n'eſt pas le maître de l'imagination ou du tempérament qui le dominent. D'où il ſuit évidemment que l'homme n'eſt pas le maître des volontés & des deſirs qui s'élevent dans ſon ame, indépendamment de lui. Mais l'homme, direz-vous, peut réſiſter à ſes deſirs; donc il eſt libre. L'homme réſiſte à ſes deſirs, lorſque les motifs, qui le détournent d'un objet, ſont plus forts que ceux qui le pouſſent vers cet objet; mais alors ſa réſiſtance eſt néceſſaire. Un homme qui craint plus le déshonneur ou le ſupplice, qu'il n'a d'amour pour l'argent, réſiſte néceſſairement au deſir de s'emparer de l'argent d'un autre.

Ne ſommes-nous pas libres, lorſque nous délibérons? Mais eſt-on le maître de ſavoir ou de ne pas ſavoir, d'être incertain ou aſſuré? La délibération eſt un effet néceſſaire de l'incertitude où nous nous trouvons ſur les ſuites de notre action. Dès que nous ſommes ou que nous nous croyons aſſurés de ces ſuites, nous nous décidons néceſſairement, & alors nous agiſſons néceſſairement, ſuivant que nous aurons bien ou mal jugé. Nos jugements, vrais ou faux, ne ſont pas libres; ils ſont néceſſairement déterminés par les idées quelconques que nous avons reçues, ou que notre eſprit s'eſt formées.

L'homme n'eſt point libre dans ſon choix; il eſt évidemment néceſſité à choiſir ce qu'il juge le plus utile ou le plus agréable pour lui-même. Quand il ſuſpend ſon choix, il n'eſt pas libre non plus, il eſt forcé de le ſuſpendre juſqu'à ce qu'il connoiſſe ou croie connoître les qualités des objets qui ſe préſentent à lui, ou juſqu'à ce qu'il ait peſé les conſéquences de ſes actions. L'homme, direz-vous, ſe décide à tout moment pour des actions qu'il sait devoir nuire à lui-même ; l'homme quelquefois se tue, donc il est libre. Je le nie : l'homme est-il le maître de bien ou de mal raisonner ? Sa raison & sa sagesse ne dépendent-elles pas, soit des opinions qu'il s'est faites, soit de la conformation de sa machine ? Comme ni les unes ni l'autre ne dépendent de sa volonté, elles ne peuvent aucunement prouver sa liberté.

« Si je fais la gageûre de faire ou de ne pas » faire une chose, ne suis-je pas libre ? Ne dé- » pend-il pas de moi de la faire ou de ne la pas » faire ? » Non, vous répondrai-je, le desir de gagner la gageûre vous déterminera nécessairement à faire ou à ne pas faire la chose en question. Mais si je consens à perdre la gageûre ; alors le desir de me prouver que vous êtes libre, sera devenu en vous un motif plus fort que le desir de gagner la gageûre, & ce motif vous aura nécessairement déterminé à faire ou à ne pas faire la chose dont il s'agissoit entre nous.

Mais, direz-vous, je me sens libre. C'est une illusion que l'on peut comparer à celle de la mouche de la fable, qui, placée sur le timon d'une lourde voiture, s'applaudissoit de diriger la marche d'un coche qui l'emportoit elle-même. L'homme qui se croit libre, est une mouche, qui croit être le maître de mouvoir la machine de l'univers, tandis qu'il en est lui-même entraîné à son insu.

Le sentiment intime qui nous fait croire que nous sommes libres de faire ou de ne pas faire une chose, n'est qu'une pure illusion. Lorsque nous remonterons au principe véritable de nos actions, nous trouverons qu'elles ne sont jamais que des suites nécessaires de nos volontés & de nos desirs, qui jamais ne sont en notre pouvoir. Vous vous croyez libres, parce que vous faites ce que vous voulez ; mais êtes-vous donc libres de vouloir ou de ne pas vouloir, de desirer ou de ne pas desirer ? Vos volontés & vos desirs ne sont-ils pas nécessairement excités par des objets ou par des qualités qui ne dépendent aucunement de vous ?

§. 81.

« Si les actions des hommes sont nécessaires ;
» si les hommes ne sont pas libres, de quel droit
» la société punit-elle les méchants qui l'infestent ?
» N'est-il pas très-injuste de châtier des êtres qui
» n'ont pu agir autrement qu'ils n'ont fait ? » Si les méchants agissent nécessairement d'après les impulsions de leur méchant naturel, la société, en les punissant, agit de son côté nécessairement par le desir de se conserver. Certains objets produisent nécessairement en nous le sentiment de la douleur ; dès-lors notre nature nous force de les haïr, & nous invite à les écarter de nous. Un tigre, pressé par la faim, s'élance sur l'homme qu'il veut dévorer ; mais l'homme n'est pas le maître de ne pas craindre le tigre, & cherche nécessairement les moyens de l'exterminer.

§. 82.

« Si tout est nécessaire, les erreurs, les opi-
» nions & les idées des hommes sont fatales,
» &, dans ce cas, comment ou pourquoi pré-
» tendre les réformer ? » Les erreurs des hommes sont des suites nécessaires de leur ignorance : leur ignorance, leur entêtement, leur crédulité sont

des suites nécessaires de leur inexpérience, de leur nonchalance, de leur peu de réflexion ; de même que le transport au cerveau ou la léthargie sont des effets nécessaires de quelques maladies. La vérité, l'expérience, la réflexion, la raison sont des remedes propres à guérir l'ignorance, le fanatisme & les folies ; de même que la saignée est propre à calmer le transport au cerveau. Mais, direz-vous, pourquoi la vérité ne produit-elle pas cet effet sur bien des têtes malades ? C'est qu'il est des maladies qui résistent à tous les remedes ; c'est qu'il est impossible de guérir des malades obstinés qui refusent de prendre les remedes qu'on leur présente ; c'est que les intérêts de quelques hommes, & la sottise des autres, s'opposent nécessairement à l'admission de la vérité.

Une cause ne produit son effet, que quand elle n'est point interrompue dans son action par d'autres causes plus fortes, qui, pour lors, affoiblissent l'action de la premiere ou la rendent inutile. Il est absolument impossible de faire adopter les meilleurs arguments à des hommes, fortement intéressés à l'erreur, prévenus en sa faveur, qui refusent de réfléchir ; mais il est très-nécessaire que la vérité détrompe les ames honnêtes qui la cherchent de bonne foi. La vérité est une cause ; elle produit nécessairement son effet, quand son impulsion n'est point interceptée par des causes qui suspendent ses effets.

§. 83.

« OTER à l'homme son libre arbitre, c'est,
» nous dit-on, en faire une pure machine, un
» automate : sans liberté, il n'existera plus en lui
» ni mérite ni vertu. » Qu'est-ce que le mérite
dans

dans l'homme ? C'est une façon d'agir qui le rend estimable aux yeux des êtres de son espece. Qu'est-ce que la vertu ? C'est une disposition qui nous porte à faire le bien des autres. Que peuvent avoir de méprisable des machines ou des automates, capables de produire des effets si desirables ? *Marc-Aurele* fut un ressort très-utile à la vaste machine de l'empire Romain. De quel droit une machine mépriseroit-elle une machine, dont les ressorts facilitent son propre jeu ? Les gens de bien sont des ressorts qui secondent la société dans sa tendance vers le bonheur : les méchants sont des ressorts mal conformés qui troublent l'ordre, la marche, l'harmonie de la société. Si, pour sa propre utilité, la société chérit & récompense les bons, elle hait, méprise & retranche les méchants, comme des ressorts inutiles ou nuisibles.

§. 84.

Le monde est un agent nécessaire ; tous les êtres qui le composent sont liés les uns aux autres, & ne peuvent agir autrement qu'ils ne font, tant qu'ils sont mus par les mêmes causes & pourvus des mêmes propriétés. Perdent-ils des propriétés ? Ils agiront nécessairement d'une façon différente.

Dieu lui-même, en admettant, pour un moment, son existence, ne peut point être regardé comme un agent libre ; s'il existoit un Dieu, sa façon d'agir seroit nécessairement déterminée par les propriétés inhérentes à sa nature : rien ne seroit capable d'arrêter ou d'altérer ses volontés. Cela posé, ni nos actions, ni nos prieres, ni nos sacrifices ne pourroient suspendre ou changer sa marche invariable & ses desseins immuables; d'où l'on est forcé de conclure, que toute religion seroit parfaitement inutile.

§. 85.

Si les théologiens n'étoient pas sans cesse en contradiction avec eux-mêmes, ils reconnoîtroient que, d'après leurs hypotheses, l'homme ne peut être réputé libre un instant. L'homme n'est-il pas supposé dans une dépendance continuelle de son Dieu? Est-on libre, quand on n'a pu exister & se conserver sans Dieu, & quand on cesse d'exister au gré de sa volonté suprême? Si Dieu a tiré l'homme du néant; si la conservation de l'homme est une création continuée; si Dieu ne peut un instant perdre de vue sa créature; si tout ce qui lui arrive est une suite de la volonté divine; si l'homme ne peut rien par lui-même; si tous les événements qu'il éprouve sont des effets des décrets divins; s'il ne fait aucun bien sans une grace d'en haut; comment peut-on prétendre que l'homme jouisse de la liberté pendant un instant de sa durée? Si Dieu ne le conservoit pas, au moment où il peche, comment l'homme pourroit-il pécher? Si Dieu le conserve alors, Dieu le force donc d'exister pour pécher.

§. 86.

On ne cesse de comparer la divinité à un roi dont la plupart des hommes sont des sujets révoltés, & l'on prétend qu'il est en droit de récompenser les sujets qui lui demeurent fideles, & de punir ceux qui se révoltent contre lui. Cette comparaison n'est juste dans aucune de ses parties. Dieu préside à une machine dont il a créé tous les ressorts ; ces ressorts n'agissent qu'en raison de la maniere dont Dieu les a formés ; c'est à sa maladresse qu'il doit s'en prendre, si ces ressorts ne contribuent pas à l'harmonie de la machine dans laquelle l'ouvrier a voulu les faire entrer. Dieu est un roi créateur qui s'est créé de toutes pieces des sujets à lui-même ; qui les a formés suivant son bon plaisir ; dont les volontés ne peuvent jamais trouver de résistance. Si Dieu dans son empire a des sujets rebelles, c'est que Dieu a résolu d'avoir des sujets rebelles. Si les péchés des hommes troublent l'ordre du monde, c'est que Dieu a voulu que cet ordre fût troublé.

Personne n'ose douter de la justice divine : cependant, sous l'empire d'un Dieu juste, on ne trouve que des injustices & des violences. La force décide du sort des nations, l'équité semble bannie de la terre ; un petit nombre d'hommes se joue impunément du repos, des biens, de la liberté, de la vie de tous les autres. Tout est dans le désordre dans un monde gouverné par un Dieu à qui l'on dit que le désordre déplaît infiniment.

§. 87.

Quoique les hommes ne cessent d'admirer la sagesse, la bonté, la justice, le bel ordre de la providence, dans le fait, ils n'en sont jamais satisfaits : les prieres qu'ils adressent continuellement au ciel, ne nous montrent-elles pas qu'ils ne sont aucunement satisfaits de l'économie divine ? Prier Dieu pour lui demander un bien, c'est se défier de ses soins vigilants : prier Dieu pour lui demander de détourner ou de faire cesser un mal, c'est tâcher de mettre obstacle au cours de sa justice : implorer l'assistance de Dieu dans ses calamités, c'est s'adresser à l'auteur même de ces calamités pour lui représenter qu'en notre faveur il devroit rectifier son plan, qui ne s'accorde point avec nos intérêts.

L'optimiste, ou celui qui trouve que dans ce monde *tout est bien*, & qui nous crie sans cesse que nous vivons dans *le meilleur des mondes possibles*, s'il étoit conséquent, ne devroit jamais prier: bien plus, il ne devroit point attendre un autre monde où l'homme sera plus heureux. Peut-il donc y avoir un meilleur monde que le *meilleur des mondes possibles* ?

Quelques théologiens ont traité les *optimistes* d'impies, pour avoir fait entendre que Dieu n'avoit pas pu produire un meilleur monde, que celui où nous vivons ; selon ces docteurs, c'est limiter la puissance divine & lui faire une injure. Mais ces théologiens ne voient-ils pas qu'il est bien moins outrageant pour Dieu, de prétendre qu'il a fait de son mieux en produisant le monde, que de dire que, pouvant en produire un meilleur, il a eu la malice d'en faire un très-mauvais ? Si l'optimiste par son système fait tort à la puissance divine, le théologien, qui le traite d'impie, est lui-même un impie qui blesse la bonté divine, sous prétexte de prendre les intérêts de sa toute puissance.

§. 88.

Lorsque nous nous plaignons des maux dont notre monde est le théatre, on nous renvoie à l'autre monde ; l'on nous fait entendre que Dieu y réparera toutes les iniquités & les misères qu'il permet pour un temps ici-bas. Cependant, si laissant reposer pour un temps assez long sa justice éternelle, Dieu a pu consentir au mal pendant toute la durée de notre globe actuel, quelle assurance avons-nous que, pendant toute la durée d'un autre globe, la justice divine ne s'endormira pas de même sur les malheurs de ses habitants?

On nous console de nos peines en disant que Dieu est patient, & que sa justice, quoique souvent très-lente, n'en est pas moins certaine. Ne voit-on pas que la patience ne peut pas convenir à un être juste, immuable & tout puissant? Dieu peut-il donc tolérer l'injustice, même un instant? Temporiser avec un mal que l'on connoît, annonce soit foiblesse, soit incertitude, soit collusion : souffrir le mal que l'on a le pouvoir d'empêcher, c'est consentir que le mal se commette.

§. 89.

J'ENTENDS une foule de docteurs me crier de toutes parts que Dieu est infiniment juste, mais que *sa justice n'est point celle des hommes.* De quelle espèce, ou de quelle nature est donc cette justice divine? Quelle idée puis-je me former d'une justice qui ressemble si souvent à l'injustice humaine? N'est-ce pas confondre toutes nos idées du juste & de l'injuste, que de nous dire que ce qui est équitable en Dieu, est inique dans ses créatures? Comment prendre pour modele un être, dont les perfections divines sont précisément le rebours des perfections humaines?

« DIEU, dites-vous, est l'arbitre souverain
» de nos destinées : son pouvoir suprême que rien
» ne peut limiter, le met en droit de faire des
» ouvrages de ses mains, tout ce que bon lui

» femble : un ver de terre, tel que l'homme ;
» n'a pas même le droit d'en murmurer. » Ce
ton arrogant est visiblement emprunté du langage
que tiennent pour l'ordinaire les ministres des
tyrans, lorsqu'ils ferment la bouche à ceux qui
souffrent de leurs violences : il ne peut donc être
le langage des ministres d'un Dieu dont on vante
l'équité ; il n'est pas fait pour en imposer à un
être qui raisonne. Ministres d'un Dieu juste ! je
vous dirai donc que la puissance la plus grande
ne peut pas conférer à votre Dieu lui-même, le
droit d'être injuste à l'égard de la plus vile de ses
créatures. Un despote n'est point un Dieu. Un
Dieu qui s'arroge le droit de faire le mal, seroit
un tyran ; un tyran n'est pas un modele pour les
hommes, il doit être un objet exécrable à leurs
yeux.

N'est-il pas bien étrange que pour justifier la
divinité, l'on en fasse à tout moment le plus
injuste des êtres ! dès qu'on se plaint de sa conduite, on croit nous réduire au silence en nous
alléguant que *Dieu est le maître* ; ce qui signifie
que Dieu, étant le plus fort, n'est point asservi
aux regles ordinaires. Mais le droit du plus fort
est la violation de tous les droits ; il ne peut passer pour un droit qu'aux yeux d'un conquérant sauvage qui, dans l'ivresse de sa fureur, s'imagine
pouvoir faire tout ce que bon lui semble des malheureux qu'il a vaincus : ce droit barbare ne peut
paroître légitime qu'à des esclaves assez aveugles
pour croire que tout est licite à des tyrans, à qui
l'on se sent trop foible pour résister.

Au sein même des plus grandes calamités,
par une simplicité ridicule, ou plutôt par une
contradiction sensible dans les termes, ne voyons-

nous pas des dévots s'écrier que *le bon Dieu est le maître*. Ainsi donc, raisonneurs inconséquents, vous croyez de bonne foi que le *bon Dieu* vous envoie la peste ; que le *bon Dieu* vous donne la guerre ; que le *bon Dieu* est cause de la disette, en un mot, que le *bon Dieu*, sans cesser d'être bon, a la volonté & le droit de vous faire les plus grands maux que vous puissiez éprouver ! cessez au moins d'appeler *bon* votre Dieu, quand il vous fait du mal ; ne dites pas alors qu'il est juste, dites qu'il est le plus fort, & qu'il vous est impossible de parer les coups que son caprice vous porte.

Dieu, direz-vous, *ne nous châtie que pour notre plus grand bien*. Mais quel bien réel peut-il donc résulter pour un peuple, d'être exterminé par la contagion, égorgé par des guerres, corrompu par les exemples de ses maîtres pervers, écrasé sans relâche sous le sceptre de fer d'une suite de tyrans impitoyables, anéanti par les fléaux d'un mauvais gouvernement, qui, souvent pendant des siecles, fait éprouver aux nations ses effets destructeurs ? *Les yeux de la foi* doivent être d'étranges yeux, si l'on voit par leur moyen des avantages dans les miseres les plus affreuses & dans les maux les plus durables, dans les vices & les folies, dont notre espece se voit si cruellement affligée !

§. 90.

QUELLES bizarres idées de la justice divine peuvent donc avoir les chrétiens, à qui l'on dit de croire que leur Dieu, dans la vue de se réconcilier avec le genre humain, coupable à son insu de la faute de ses peres, a fait mourir son propre fils innocent & incapable de pécher ? Que dirions-nous d'un roi, dont les sujets se seroient révoltés, & qui, pour s'appaiser lui-même, ne trouveroit d'autre expédient que de faire mourir l'héritier de sa couronne qui n'auroit point trempé dans la rebellion générale ? C'est, dira le chrétien, par bonté pour ses sujets incapables de satisfaire eux-mêmes à sa justice divine que Dieu a consenti à la mort cruelle de son fils. Mais la bonté d'un pere pour des étrangers ne le met pas en droit d'être injuste & barbare pour son fils. Toutes les qualités que la théologie donne à son Dieu ne font à chaque instant que se détruire les unes les autres : toujours l'exercice de l'une de ses perfections, est aux dépens de l'exercice d'une autre.

Le Juif a-t-il des idées plus raisonnables que le chrétien de la justice divine ? Un roi par son orgueil allume la colere du ciel ; *Jehovah* fait descendre la peste sur son peuple innocent ; soixante & dix mille sujets sont exterminés pour expier la faute d'un monarque, que la bonté de Dieu a résolu d'épargner !

§. 91.

MALGRÉ les injustices dont toutes les religions se plaisent à noircir la divinité, les hommes ne peuvent consentir à l'accuser d'iniquité ; ils craignent que, semblable aux tyrans de ce monde, la vérité ne l'offense & ne redouble sur eux le poids de sa malice & de sa tyrannie. Ils écoutent donc leurs prêtres qui leur disent que leur Dieu est un pere tendre ; que ce Dieu est un monarque équitable, dont l'objet en ce monde, est de s'assurer de l'amour, de l'obéissance & du respect de ses sujets ; qui ne leur laisse la liberté d'agir, que pour leur fournir l'occasion de mériter ses faveurs & d'acquérir un bonheur éternel, dont il ne leur est aucunement redevable. A quels signes les hommes peuvent-ils donc reconnoître la tendresse d'un pere qui n'a donné le jour au plus grand nombre de ses enfants, que pour traîner sur la terre une vie pénible, inquiete & remplie d'amertumes ? Est-il un présent plus funeste que cette prétendue liberté qui, dit-on, met les hommes à portée d'en abuser, & par là d'encourir des malheurs éternels !

§. 92.

En appellant les mortels à la vie, à quel jeu cruel & dangereux la divinité ne les force-t-elle pas de jouer ! jetés dans le monde sans leur aveu ; pourvus d'un tempérament dont ils ne sont point les maîtres ; animés par des passions & des desirs inhérents à leur nature ; exposés à des pieges qu'ils n'ont pas la force d'éviter ; entraînés par des événements qu'ils n'ont pu ni prévoir ni prévenir, les humains malheureux sont obligés de fournir une carriere qui peut les conduire à des supplices horribles pour la violence & la durée.

Des voyageurs assûrent que dans une contrée d'Asie regne un sultant rempli de fantaisies, & très-absolu dans ses volontés les plus bizarres. Par une étrange manie, ce prince passe son temps assis devant une table sur laquelle sont placés trois dés & un cornet. L'un des bouts de la table est couvert de monceaux d'or destinés à exciter la cupidité des courtisans & des peuples dont le Sultan est entouré. Celui-ci, connoissant le foible de ses sujets, leur tient à peu près ce langage. Esclaves ! je vous veux du bien. Ma bonté se propose de vous enrichir & de vous rendre tous heureux. Voyez-vous ces trésors ? eh bien, ils sont à vous ; tâchez de les gagner ; que chacun à son tour prenne en main ce cornet & ces dés, quiconque aura le bonheur d'amener rafle de six, sera maître du trésor : mais je vous préviens que celui qui n'aura pas l'avantage d'amener le nombre requis, sera précipité pour toujours dans un cachot obscur, où ma justice exige qu'on le brûle à petit feu. Sur ce discours du monarque, les assistants consternés se regardent les uns les autres ; aucun ne veut s'exposer à courir une chance si dangereuse. Quoi, dit alors le sultan courroucé, personne ne se présente pour jouer ! oh ! ce n'est pas là mon compte. Ma gloire demande que l'on joue. Vous jouerez donc ; je le veux : obéissez sans répliquer. Il est bon d'observer que les dés du despote sont tellement préparés que sur cent mille coups, il n'en est qu'un qui porte ; ainsi le monarque généreux a le plaisir de voir sa prison bien garnie & ses richesses rarement emportées. Mortels ! ce sultant, c'est votre Dieu ; ses trésors, sont le ciel ; son cachot, c'est l'enfer ; & vous tenez les dés.

§. 93.

ON nous répete à tout moment que nous devons à la providence une reconnoissance infinie pour les bienfaits sans nombre, dont il lui plaît de nous combler. On nous vante sur-tout le bonheur d'exister. Mais hélas ! combien est-il de mortels qui soient véritablement satisfaits de leur façon d'exister ? Si la vie nous offre des douceurs, de combien d'amertumes n'est-elle point mêlée !

un seul chagrin cuisant ne suffit-il pas souvent pour empoisonner tout d'un coup la vie la plus paisible & la plus fortunée ! Est-il donc un grand nombre d'hommes qui, si la chose dépendoit d'eux, voulussent recommencer au même prix la carriere pénible, dans laquelle, sans leur aveu, le destin les a jetés ?

Vous dites que l'existence seule est un très-grand bienfait. Mais cette existence n'est-elle pas continuellement troublée par des chagrins, des craintes, des maladies souvent cruelles & très-peu méritées ? Cette existence, menacée de tant de côtés, ne peut-elle pas à chaque instant nous être arrachée ? Quel est celui qui, après avoir vécu pendant quelque temps, ne s'est pas vu privé d'une épouse chérie, d'un enfant bien aimé, d'un ami consolant, dont les pertes viennent sans cesse assaillir sa pensée ? Il est très-peu de mortels qui n'aient été forcés de boire dans la coupe de l'infortune ; il en est très-peu qui n'aient souvent désiré de finir. Enfin il n'a pas dépendu de nous d'exister ou de n'exister pas. L'oiseau auroit-il donc de si grandes obligations à l'oiseleur, pour l'avoir pris dans ses filets & l'avoir mis dans sa voliere, afin de s'en nourrir après s'en être amusé ?

§. 94.

NONOBSTANT les infirmités, les chagrins, les miseres que l'homme est forcé de subir en ce monde ; malgré les dangers que son imagination alarmée lui crée dans un autre, il a néanmoins la folie de se croire le favori de son Dieu, l'objet de tous ses soins, le but unique de tous ses travaux. Il s'imagine que l'univers entier est fait pour lui ; il se nomme arrogamment le *roi de la nature*, & se met fort au dessus des autres animaux. Pauvre mortel ! sur quoi peux-tu fonder tes prétentions hautaines ? c'est, dis-tu, sur ton ame ; sur la raison dont tu jouis ; sur tes facultés sublimes qui te mettent en état d'exercer un empire absolu sur les êtres qui t'environnent. Mais foible souverain du monde ! es-tu sûr un instant de la durée de ton regne ? Les moindres atomes de la matiere, que tu méprises, ne suffisent-ils pas pour t'arracher à ton trône & pour te priver de la vie ? Enfin le roi des animaux ne finit-il pas toujours par devenir la pâture des vers ?

Tu nous parles de ton ame ! mais fais-tu ce que c'est qu'une ame ? Ne vois-tu pas que cette ame n'est que l'assemblage de tes organes d'où résulte la vie ? refuserois-tu donc une ame aux autres animaux qui vivent, qui pensent, qui jugent, qui comparent, qui cherchent le plaisir, qui fuient la douleur ainsi que toi, & qui souvent ont des organes qui les servent mieux que les tiens ? Tu nous vantes tes facuités intellectuelles ! mais ces facultés, qui te rendent si fier, te rendent-elles plus heureux que les autres créatures ? Fais-tu souvent usage de cette raison, dont tu te glorifies, & que la religion t'ordonne de ne point écouter ? Ces bêtes que tu dédaignes, parce qu'elles sont ou plus foibles, ou moins rusées que toi, sont-elles sujettes aux chagrins, aux peines d'esprit, à mille passions frivoles, à mille besoins imaginaires dont ton cœur est continuellement la proie ? Sont-elles, comme toi, tourmentées par le passé, alarmées sur l'avenir ? Bornées uniquement au présent, ce que tu appelles leur *instinct*, & ce que moi j'appelle leur intelligence, ne leur suffit-il pas pour se conserver, se défendre & chercher tous leurs besoins ? Cet instinct, dont tu parles avec mépris, ne les sert-il pas souvent bien mieux que tes facultés merveilleuses ? Leur ignorance paisible ne leur est-elle pas plus avantageuse, que ces méditations extravagantes & ces recherches futiles qui te rendent malheureux, & pour lesquelles tu pousses le délire jusqu'à massacrer les êtres de ton espece si noble ? Enfin ces bêtes ont-elles, comme tant de mortels, une imagination troublée qui leur fait craindre, non-seulement la mort, mais encore des tourments éternels dont ils la croient suivie ?

Auguste ayant appris qu'Hérode, roi de Judée, avoit fait mourir ses fils, s'écria, *il vaut bien mieux être le pourceau d'Hérode que son fils.* On peut en dire autant de l'homme ; cet enfant chéri de la providence court des risques bien plus grands, que tous les autres animaux ; après avoir bien souffert dans ce monde, ne se croit-il pas en denger de souffrir éternellement dans un autre ?

§. 95.

Quelle est la ligne précise de démarcation entre l'homme & les autres animaux, qu'il appelle des brutes ? en quoi differe-t-il essentiellement des bêtes ? C'est, nous dit-on, par son intelligence, par les facultés de son esprit, par sa raison que l'homme se montre supérieur à tous les autres animaux qui, dans tout ce qu'ils font, n'agissent que par des impulsions physiques, auxquelles la raison n'a point de part. Mais enfin les bêtes, ayant des besoins plus bornés que les hommes, se passent très-bien de ces facultés intellectuelles, qui seroient parfaitement inutiles dans leur façon d'exister. Leur instinct leur suffit, tandis que toutes les facultés de l'homme suffisent à peine pour lui rendre son existence supportable, & pour contenter les besoins que son imagination, ses préjugés, ses institutions multiplient pour son tourment.

La brute n'est point frappée des mêmes objets que l'homme ; elle n'a ni les mêmes besoins, ni les mêmes desirs, ni les mêmes fantaisies : elle parvient très-promptement à sa maturité, tandis que rien n'est plus rare que de voir l'esprit humain jouir pleinement de ses facultés, les exercer librement, en faire un usage convenable pour son propre bonheur.

§. 96.

On nous assûre que l'ame humaine est une substance simple ; mais si l'ame est une substance si simple, elle devroit être précisément la même dans tous les individus de l'espece humaine, qui tous devroient avoir les mêmes facultés intellectuelles : cependant cela n'arrive pas ; les hommes different autant par les qualités de l'esprit, que par les traits du visage. Il est dans l'espece humaine des êtres aussi différents les uns des autres, que l'homme l'est ou d'un cheval ou d'un chien. Quelle conformité ou ressemblance trouvons-nous entre quelques hommes ? Quelle distance infinie n'y a-t-il pas entre le génie d'un Locke, d'un Newton, & celui d'un Paysan, d'un Hottentot, d'un Lapon ?

L'homme ne differe des autres animaux que par la différence de son organisation, qui le met à portée de produire des effets dont ils ne sont point capables. La variété que l'on remarque entre les organes des individus de l'espece humaine, suffit pour nous expliquer les différences qui se trouvent entre eux pour les facultés que l'on nomme intellectuelles. Plus ou moins de finesse dans les organes, de chaleur dans le sang, de promptitude dans les fluides, de souplesse ou de roideur dans les fibres & les nerfs, doivent nécessairement produire les diversités infinies qui se remarquent entre les esprits des hommes. C'est par l'exercice, l'habitude, l'éducation que l'esprit humain se développe & parvient à s'élever au dessus des êtres qui l'environnent; l'homme sans culture & sans expérience est un être aussi dépourvu de raison & d'industrie que la brute. Un stupide est un homme dont les organes se remuent avec peine, dont le cerveau est difficile à ébranler, dont le sang circule avec peu de rapidité: un homme d'esprit est celui dont les organes sont souples, qui sent très-promptement, dont le cerveau se meut avec célérité: un savant est un homme dont les organes & le cerveau se sont long-temps exercés sur des objets qui l'occupent.

L'homme sans culture, sans expérience, sans raison n'est-il pas plus méprisable & plus digne de haine que les insectes les plus vils ou que les bêtes les plus féroces? Est-il dans la nature un être plus détestable qu'un Tibere, un Néron, un Caligula? Ces destructeurs du genre humain, connus sous le nom de conquérant, ont-ils donc des ames plus estimables que celles des ours, des lions & des pantheres? Est-il au monde des animaux plus détestables que les tyrans?

§. 97.

Les extravagances humaines font bientôt disparoître aux yeux de la raison, la supériorité que, si gratuitement, l'homme s'arroge sur les autres animaux. Combien d'animaux font voir plus de douceur, de réflexion & de raison, que l'animal qui se dit raisonnable par excellence! Est-il, parmi les hommes, si souvent esclaves & opprimés, des sociétés aussi bien constituées, que celles des fourmis, des abeilles ou des castors? Vit-on jamais les bêtes féroces de la même espece se donner rendez-vous dans les plaines pour se déchirer & se détruire sans profit? Voit-on s'élever entre elles des guerres de religion? La cruauté des bêtes contre les autres especes a pour motif la faim, le besoin de se nourrir; la cruauté de l'homme contre l'homme n'a pour motif que la vanité de ses maîtres, & la folie de ses préjugés impertinents.

Les spéculateurs qui s'imaginent, ou qui veulent nous faire croire que tout dans l'univers a été fait pour l'homme, sont très-embarrassés, quand on leur demande en quoi tant d'animaux mal-faisants, qui sans cesse infestent notre séjour, peuvent contribuer au bien-être de l'homme? Quel avantage connu résulte-t-il pour l'ami des dieux, d'être mordu par une vipere, piqué par un cousin, dévoré par la vermine, mis en pieces par un tigre, &c.? Tous ces animaux ne raisonneroient-ils pas aussi juste que nos théologiens, s'ils prétendoient que l'homme a été fait pour eux?

§. 98.

§. 98.

Conte oriental.

A quelque distance de Bagdad, un dervis, renommé pour sa sainteté, passoit des jours tranquilles dans une solitude agréable. Les habitants d'alentour, pour avoir part à ses prieres, s'empressoient chaque jour à lui porter des provisions & des présents. Le saint homme ne cessoit de rendre graces à Dieu des bienfaits dont sa providence le combloit. « O Allah ! disoit-il, que
» ta tendresse est ineffable pour tes serviteurs !
» Qu'ai-je fait pour mériter les biens dont ta
» libéralité m'accable ? O monarque des cieux !
» ô pere de la nature ! quelles louanges pour-
» roient dignement célébrer ta munificence &
» tes soins paternels ? O Allah ! que tes bontés
» sont grandes pour les enfants des hommes ! »
Pénétré de reconnoissance, notre hermite fit le vœu d'entreprendre, pour la septieme fois, le pélerinage de la Mecque. La guerre qui subsistoit alors entre les Persans & les Turcs, ne put lui faire différer l'exécution de sa pieuse entreprise. Plein de confiance en Dieu, il se met en voyage, sous la sauve-garde inviolable d'un habit respecté, il traverse sans obstacle les détachements ennemis ; loin d'être molesté, il reçoit à chaque pas des marques de la vénération du soldat des deux partis. A la fin, accablé de lassitude, il se voit obligé de chercher un asyle contre les rayons d'un soleil brûlant ; il le trouve sous l'ombrage frais d'un groupe de palmiers, dont un ruisseau

G

limpide arrosoit les racines. Dans ce lieu solitaire, dont la paix n'étoit troublée que par le murmure des eaux & le ramage des oiseaux, l'homme de Dieu rencontra non-seulement une retraite enchantée, mais encore un repas délicieux : il n'a qu'à étendre la main pour cueillir des dattes & d'autres fruits agréables : le ruisseau lui fournit le moyen de se désaltérer : bientôt un gazon verd l'invite à prendre un doux repos ; à son réveil, il fait l'ablution sacrée, & dans un transport d'alégresse il s'écrie : *O Allah ! que tes bontés sont grandes pour les enfants des hommes !* Bien repu, rafraîchi, plein de force & de gaieté, notre saint poursuit sa route ; elle le conduit quelque temps au travers d'une contrée riante qui n'offre à ses yeux que des côteaux fleuris, des prairies émaillées, des arbres chargés de fruits. Attendri par ce spectacle, il ne cesse d'adorer la main riche & libérale de la providence, qui se montre par-tout occupée du bonheur de la race humaine. Parvenu un peu plus loin, il trouve quelques montagnes assez rudes à franchir ; mais une fois arrivé à leur sommet, un spectacle hideux se présente tout-à-coup à ses regards ; son ame en est consternée. Il découvre une vaste plaine, entièrement désolée par le fer & la flamme ; il la mesure des yeux, & la voit couverte de plus de cent mille cadavres ; restes déplorables d'une bataille sanglante qui depuis peu de jours s'étoit livrée dans ces lieux. Les aigles, les vautours, les corbeaux & les loups dévoroient à l'envi les corps morts, dont la terre étoit jonchée. Cette vue plonge notre pélerin dans une sombre rêverie : le ciel, par une faveur spéciale, lui avoit donné de comprendre le langage des bêtes ; il entendit un loup, gorgé de chair humaine, qui, dans l'excès de fa joie, s'écrioit : *O Allah ! que tes bontés font grandes pour les enfants des loups ! ta sagesse prévoyante a soin d'envoyer des vertiges à ces hommes détestables, si dangereux pour nous. Par un effet de ta providence, qui veille sur tes créatures, ces destructeurs de notre espece s'égorgent les uns les autres, & nous fournissent des repas somptueux. O Allah ! que tes bontés font grandes pour les enfants des loups !*

§. 99.

UNE imagination enivrée ne voit dans l'univers que les bienfaits du ciel ; un esprit plus calme y trouve & des biens & des maux. J'existe, direz-vous ; mais cette existence est-elle toujours un bien ? « Voyez, nous direz-vous, ce soleil qui
» vous éclaire ; cette terre qui pour vous se
» couvre de moissons & de verdure ; ces fleurs
» qui s'épanouissent pour amuser vos regards
» & repaître votre odorat ; ces arbres qui se
» courbent sous des fruits délicieux ; ces ondes
» pures qui ne coulent que pour vous désaltérer ; ces mers qui embrassent l'univers pour
» faciliter votre commerce ; ces animaux qu'une
» nature prévoyante reproduit pour votre usage. »
Oui je vois toutes ces choses, & j'en jouis quand je le peux. Mais dans bien des climats, ce soleil si beau est presque toujours voilé pour moi ; dans d'autres sa chaleur excessive me tourmente, fait naître des orages, produit des maladies affreuses, desseche les campagnes ; les prés sont sans verdure, les arbres sont sans fruits, les moissons sont brûlées, les sources sont taries ; je ne puis

plus subsister qu'avec peine, & je gémis alors des cruautés d'une nature que vous trouvez toujours si bienfaisante. Si ces mers m'amenent des épices, des richesses, des denrées inutiles, ne détruisent-elles pas en foule les mortels assez dupes pour les aller chercher ?

La vanité de l'homme lui persuade qu'il est le centre unique de l'univers ; il se fait un monde & un Dieu pour lui seul ; il se croit assez de conséquence pour pouvoir à son gré déranger la nature ; mais il raisonne en athée, dès qu'il s'agit des autres animaux. Ne s'imagine-t-il pas que les individus des especes différentes de la sienne sont des automates peu dignes des soins de la providence universelle, & que les bêtes ne peuvent être les objets de sa justice ou de sa bonté ? Les mortels regardent les événements heureux ou malheureux, la santé ou la maladie, la vie & la mort, l'abondance ou la disette comme des récompenses ou des châtiments de l'usage ou de l'abus de la liberté, qu'ils se sont gratuitement supposée. Raisonnent-ils de même, quand il s'agit des bêtes ? Non, quoiqu'ils les voient sous un Dieu juste jouir & souffrir, être saines & malades, vivre & mourir comme eux, il ne leur vient pas dans l'esprit de demander par quels crimes ces bêtes ont pu s'attirer la disgrace de l'arbitre de la nature. Des philosophes aveuglés par leurs préjugés théologiques, pour se tirer d'embarras, n'ont-ils pas poussé la folie jusqu'à prétendre que les bêtes ne sentoient pas !

Les hommes ne renonceront-ils donc jamais à leurs folles prétentions ? Ne reconnoîtront-ils pas que la nature n'est point faite pour eux ? Ne verront-ils pas que cette nature a mis de l'égalité entre tous les êtres qu'elle produit ? Ne s'appercevront-ils pas que tous les êtres organisés sont également faits pour naître & pour mourir, pour jouir & pour souffrir ? Enfin, au lieu de s'énorgueillir mal-à-propos de leurs facultés mentales, ne sont-ils pas forcés de convenir que souvent elles les rendent plus malheureux que les bêtes dans lesquelles nous ne trouvons ni les opinions, ni les préjugés, ni les vanités, ni les folies qui décident à tout moment du bien-être de l'homme ?

§. 100.

La supériorité que les hommes s'arrogent sur les autres animaux est principalement fondée sur l'opinion où ils sont de posséder exclusivement une ame immortelle. Mais, dès qu'on leur demande ce que c'est que cette ame, vous les voyez balbutier. C'est une substance inconnue, c'est une force secrete distinguée de leur corps ; c'est un esprit, dont ils n'ont nulle idée. Demandez-leur comment cet esprit, qu'ils supposent, comme leur Dieu, totalement privé d'étendue, a pu se combiner avec leurs corps étendus & matériels ? Ils vous diront qu'ils n'en savent rien ; que c'est pour eux un mystere ; que cette combinaison est l'effet de la toute-puissance de Dieu. Voilà les idées nettes que les hommes se forment de la substance cachée, ou plutôt imaginaire dont ils ont fait le mobile de toutes leurs actions !

Si l'ame est une substance essentiellement différente du corps, & qui ne peut avoir aucun rapport avec lui, leur union seroit, non un mystere, mais une chose impossible. D'ailleurs cette ame, étant d'une essence différente du corps, devroit nécessairement agir d'une façon différente de lui: cependant nous voyons que les mouvements qu'éprouve le corps, se font sentir à cette ame prétendue, & que ces deux substances, diverses par leur essence, agissent toujours de concert. Vous nous direz encore que cette harmonie est un mystere; & moi je vous dirai que je ne vois pas mon ame, que je ne connois & ne sens que mon corps; que c'est ce corps qui sent, qui pense, qui juge, qui souffre & qui jouit, & que toutes ses facultés sont des résultats nécessaires de son méchanisme propre ou de son organisation.

§. 101.

QUOIQUE les hommes soient dans l'impossibilité de se faire la moindre idée de leur ame, ou de cet esprit prétendu qui les anime, ils se persuadent pourtant que cette ame inconnue est exempte de la mort: tout leur prouve qu'ils ne sentent, ne pensent, n'acquierent des idées, ne jouissent & ne souffrent que par le moyen des sens ou des organes matériels du corps. En supposant même l'existence de cette ame, on ne peut pas refuser de reconnoître qu'elle dépend totalement du corps, & subit, conjointement avec lui, toutes les vicissitudes qu'il éprouve lui-même; & pourtant on s'imagine qu'elle n'a par sa nature rien d'analogue à lui: on veut qu'elle puisse agir & sentir sans le secours de ce corps; en un mot, on prétend que, privée de ce corps & dégagée de ses sens, cette ame pourra vivre, jouir, souffrir, éprouver le bien-être, ou sentir des tourments rigoureux. C'est sur un pareil tissu d'absurdités conjecturales, que l'on bâtit l'opinion merveilleuse de l'*immortalité de l'ame*.

Si je demande quels motifs on a de supposer que l'ame est immortelle : on me répond aussi-tôt, c'est que l'homme par sa nature desire d'être immortel, ou de vivre toujours. Mais, répliquerai-je, de ce que vous desirez fortement une chose, est-ce assez pour en conclure que ce desir sera rempli ? Par quelle étrange logique ose-t-on décider qu'une chose ne peut manquer d'arriver, parce qu'on souhaite ardemment qu'elle arrive ? Les desirs enfantés par l'imagination des hommes, sont-ils donc la mesure de la réalité ? Les impies, dites-vous, privés des espérances flatteuses d'une autre vie, desirent d'être anéantis. Eh bien ! ne sont-ils pas autant autorisés à conclure, d'après ce desir, qu'ils seront anéantis, que vous vous prétendez autorisés à conclure que vous existerez toujours, parce que vous le desirez ?

§. 102.

L'HOMME meurt tout entier. Rien n'est plus évident pour celui qui n'est point en délire. Le corps humain après la mort n'est plus qu'une masse incapable de produire les mouvements, dont l'assemblage constituoit la vie ; on n'y voit plus alors ni circulation, ni respiration, ni digestion, ni parole, ni pensée. On prétend que pour lors l'ame s'est séparée du corps. Mais dire que cette ame qu'on ne connoît point est le principe de la vie, c'est ne rien dire, sinon qu'une force inconnue est le principe caché de mouvements imperceptibles. Rien de plus naturel & de plus simple que de croire que l'homme mort ne vit plus; rien de plus extravagant que de croire que l'homme mort est encore en vie.

Nous rions de la simplicité de quelques peuples, dont l'usage est d'enterrer des provisions avec les morts, dans l'idée que ces aliments leur seront utiles & nécessaires dans l'autre vie. Est-il donc plus ridicule ou plus absurde, de croire que les hommes mangeront après la mort, que de s'imaginer qu'ils penseront, qu'ils auront des idées agréables ou fâcheuses, qu'ils jouiront, qu'ils souffriront, qu'ils éprouveront du repentir ou de la joie, lorsque les organes propres à leur porter des sensations ou des idées seront une fois dissous & réduits en poussière ? Dire que les ames des hommes seront heureuses ou malheureuses après la mort du corps, c'est prétendre que les hommes pourront voir sans yeux, entendront sans oreilles, goûteront sans palais, flaireront sans nez, toucheront sans mains & sans peau. Des nations qui se croient très-raisonnables adoptent néanmoins de pareilles idées !

§. 103.

Le dogme de l'immortalité de l'ame suppose que l'ame est une substance simple, en un mot, un esprit : mais je demanderai toujours ce que c'est qu'un esprit. « C'est, dites-vous, une substance privée d'étendue, incorruptible, qui n'a rien de commun avec la matiere. » Mais si cela est, comment votre ame naît-elle, s'accroît-elle, se fortifie-t-elle, s'affoiblit-elle, se dérange-t-elle, vieillit-elle dans la même progression que votre corps ?

Vous nous répondez à toutes ces questions que ce sont des mysteres ; mais, si ce sont des mysteres, vous n'y comprenez rien. Si vous n'y comprenez rien, comment pouvez-vous décider affirmativement une chose dont vous êtes incapable de vous former aucune idée ? Pour croire ou pour affirmer quelque chose, il faut au moins savoir en quoi consiste ce que l'on croit & ce que l'on affirme. Croire à l'existence de votre ame immatérielle, c'est dire que vous êtes persuadé de l'existence d'une chose, dont il vous est impossible de vous former aucune notion véritable : c'est croire à des mots sans pouvoir y attacher aucun sens : affirmer que la chose est comme vous dites, c'est le comble de la folie ou de la vanité.

§. 104.

Les théologiens ne sont-ils pas d'étranges raisonneurs ? Dès qu'ils ne peuvent deviner les causes naturelles des choses, ils inventent des causes qu'ils nomment *surnaturelles* ; ils imaginent des esprits, des causes occultes, des agents inexplicables, ou plutôt des mots bien plus obscurs que les choses qu'ils s'efforcent d'expliquer. Demeurons dans la nature, quand nous voudrons nous rendre compte des phénomenes de la nature ; ignorons les causes trop déliées pour être saisies par nos organes, & soyons persuadés qu'en sortant de la nature, nous ne trouverons jamais la solution des problêmes que la nature nous présente.

Dans l'hypothese même de la théologie, c'est-à-dire, en supposant un moteur tout-puissant de la matiere, de quel droit les théologiens refuseroient-ils à leur Dieu le pouvoir de donner à cette matiere la faculté de penser ? Lui seroit-il donc plus difficile de créer des combinaisons de matiere dont la pensée résultât, que des esprits qui pensent? Au moins, en supposant une matiere qui pense, nous aurions quelques notions du sujet de la pensée, ou de ce qui pense en nous, tandis qu'en attribuant la pensée à un être immatériel, il nous est impossible de nous en faire la moindre idée.

§. 105.

On nous objecte que le matérialisme fait de l'homme une pure machine; ce que l'on juge très-déshonorant pour toute l'espece humaine. Mais cette espece humaine sera-t-elle bien plus honorée, quand on dira que l'homme agit par les impulsions secretes d'un esprit, ou d'un certain *je ne sais quoi*, qui sert à l'animer, sans qu'on sache comment?

Il est aisé de s'appercevoir que la supériorité que l'on donne à *l'esprit* sur la matiere, ou à l'ame sur le corps, n'est fondée que sur l'ignorance, où l'on est, de la nature de cette ame, tandis que l'on est plus familiarisé avec la matiere ou le corps que l'on s'imagine connoître, & dont on croit démêler les ressorts; mais les mouvements les plus simples de nos corps sont, pour tout homme qui les médite, des énigmes aussi difficiles à deviner que la pensée.

§. 106.

L'estime que tant de gens ont pour la substance spirituelle, ne paroît avoir pour motif, que l'impossibilité où ils se trouvent de la définir d'une façon intelligible. Le mépris que nos métaphysiciens montrent pour la matiere, ne vient que de ce que *la familiarité engendre le mépris.* Lorsqu'ils nous disent que *l'ame est plus excellente & plus noble que le corps*, ils ne nous disent rien, sinon que ce qu'ils ne connoissent aucunement, doit être bien plus beau que ce dont ils ont quelques foibles idées.

§. 107.

On nous vante sans cesse l'utilité du dogme de l'autre vie : on prétend que quand même ce ne seroit qu'une fiction, elle est avantageuse, parce qu'elle en impose aux hommes & les conduit à la vertu. Mais est-il bien vrai que ce dogme rende les hommes plus sages & plus vertueux ? Les nations où cette fiction est établie, sont-elles donc remarquables par leurs mœurs & leur conduite ? Le monde visible ne l'emporte-t-il pas toujours sur le monde invisible ? Si ceux qui sont chargés d'instruire & de gouverner les hommes, avoient eux-mêmes des lumieres & des vertus, ils les gouverneroient bien mieux par des réalités, que par de vaines chimeres ; mais fourbes, ambitieux & corrompus, les législateurs ont par-tout trouvé plus court d'endormir les nations par des fables, que de leur enseigner des vérités, que de développer leur raison, que de les exciter à la vertu par des motifs sensibles & réels, que de les gouverner d'une façon raisonnable.

Les théologiens ont eu, sans doute, des raisons pour faire l'ame immatérielle ; ils avoient besoin d'ames & de chimeres pour peupler les régions imaginaires qu'ils ont découvertes dans l'autre vie. Des ames matérielles auroient été sujettes, comme tous les corps, à la dissolution :

or si les hommes croyoient que tout doit périr avec eux, les géographes de l'autre monde perdroient évidemment le droit de guider leurs ames vers ce séjour inconnu : ils ne tireroient aucun profit des espérances dont ils les repaissent, & des terreurs dont ils ont soin de les accabler. Si l'avenir n'est d'aucune utilité réelle pour le genre humain, il est au moins de la plus grande utilité pour ceux qui se sont chargés de l'y conduire.

§. 108.

« MAIS, dira-t-on, le dogme de l'immortalité
» de l'ame n'est-il pas consolant pour des êtres
» qui se trouvent souvent très-malheureux ici-
» bas ? Quand ce seroit une illusion, n'est-elle
» pas douce & agréable ? N'est-ce pas un bien
» pour l'homme de croire qu'il pourra se survivre
» à lui-même, & jouir quelque jour d'un bon-
» heur qui lui est refusé sur la terre ? » Ainsi, pauvres mortels ! vous faites de vos souhaits la mesure de la vérité ; parce que vous desirez de vivre toujours & d'être plus heureux, vous en concluez aussi-tôt que vous vivrez toujours, & que vous serez plus fortunés dans un monde inconnu, que dans le monde connu qui souvent ne vous procure que des peines ! Consentez donc à quitter sans regrets ce monde qui cause bien plus de tourments que de plaisirs au plus grand nombre d'entre vous. Résignez-vous à l'ordre du destin qui veut qu'ainsi que tous les êtres vous ne duriez pas toujours. Mais que deviendrai-je ? me demandes-tu, ô homme ! ce que tu étois il y a quelques millions d'années. Tu étois alors je ne sais quoi ; résous-toi donc à redevenir en un instant ce je ne sais

quoi que tu étois alors : rentre paisiblement dans la masse universelle dont tu sortis à ton insu sous ta forme actuelle, & passe sans murmurer comme tous les êtres qui t'environnent.

On nous répete sans cesse que les notions religieuses offrent des consolations infinies pour les infortunés. On prétend que l'idée de l'immortalité de l'ame & d'une vie plus heureuse est très-propre à élever le cœur de l'homme, & à le soutenir au milieu des adversités dont il se voit assailli sur la terre. Le matérialisme, au contraire, est, dit-on, un système affligeant fait pour dégrader l'homme, qui le met au rang des brutes, qui brise son courage, qui ne lui montre pour toute perspective qu'un anéantissement affreux, capable de le conduire au désespoir, & de l'inviter à se donner la mort, dès qu'il souffre en ce monde. Le grand art des théologiens est de souffler & le chaud & le froid, d'affliger & de consoler, de faire peur & de rassurer.

D'après les fictions de la théologie les régions de l'autre vie sont heureuses & malheureuses. Rien de plus difficile que de se rendre digne du séjour de la félicité, rien de plus facile que d'obtenir une place dans le séjour des tourments que la divinité prépare aux victimes infortunées de sa fureur éternelle. Ceux qui trouvent l'idée d'une autre vie si flatteuse & si douce, ont-ils donc oublié que cette autre vie, selon eux, doit être accompagnée de tourments pour le plus grand nombre des mortels ? L'idée de l'anéantissement total n'est-elle pas infiniment préférable à l'idée d'une existence éternelle accompagnée de douleurs & de *grincements de dents* ? La crainte de n'être pas toujours, est-elle plus affligeante que celle de n'avoir pas toujours été? La crainte de cesser d'être n'est un mal réel que pour l'imagination qui seule enfanta le dogme d'une autre vie.

Vous dites, ô docteurs chrétiens! que l'idée d'une vie plus heureuse est riante : on en convient ; il n'est personne qui ne desire une existence plus agréable & plus solide que celle dont on jouit ici-bas. Mais si le paradis est séduisant, vous conviendrez aussi que l'enfer est affreux. Le ciel est très-difficile, & l'enfer très-facile à mériter. Ne dites-vous pas qu'une voie *étroite* & pénible conduit aux régions fortunées, & qu'une voie *large* mene aux régions du malheur? Ne répétez-vous pas à tout instant que *le nombre des élus est très-petit, & celui des réprouvés très-grand?* Ne faut-il pas, pour se sauver, des graces, que votre Dieu n'accorde qu'à peu de gens? Eh bien! je vous dirai que ces idées ne sont aucunement consolantes ; je vous dirai que j'aime mieux être anéanti une bonne fois que de brûler toujours. Je vous dirai que le sort des bêtes me paroît plus desirable que le sort des damnés. Je vous dirai que l'opinion qui me débarrasse de craintes accablantes dans ce monde, me paroît plus riante que l'incertitude où me laisse l'opinion d'un Dieu qui, maître de ses graces, ne les donne qu'à ses favoris, & qui permet que tous les autres se rendent dignes des supplices éternels. Il n'y a que l'enthousiasme ou la folie qui puisse faire préférer un système évident qui rassure, à des conjectures improbables, accompagnées d'incertitudes & de craintes désolantes.

§. 109.

Tous les principes religieux font une affaire de pure imagination, à laquelle l'expérience & le raisonnement n'eurent jamais aucune part. On trouve beaucoup de difficulté à les combattre, parce que l'imagination, une fois préoccupée de chimeres qui l'étonnent ou la remuent, est incapable de raisonner. Celui qui combat la religion & ses fantômes par les armes de la raison ressemble à un homme qui se serviroit d'une épée pour tuer des moucherons; aussi-tôt que le coup est frappé, les moucherons & les chimeres reviennent voltiger, & reprennent, dans les esprits, la place dont on croyoit les avoir bannis.

Dès qu'on se refuse aux preuves que la théologie prétend donner de l'existence d'un Dieu, on oppose aux arguments qui la détruisent un *sens intime*, une persuasion profonde, un penchant invincible, inhérent à tout homme, qui lui retrace malgré lui l'idée d'un être tout-puissant qu'il ne peut totalement expulser de son esprit, & qu'il est forcé de reconnoître, en dépit des raisons les plus fortes qu'on peut lui alléguer. Mais si l'on veut analyser ce *sens intime* auquel on donne tant de poids, on trouvera qu'il n'est que l'effet d'une habitude enracinée qui, faisant fermer les yeux sur les preuves les plus démonstratives, ramene le plus grand nombre des hommes, & souvent même les personnes les plus éclairées, aux préjugés de l'enfance. Qu'est-ce que peut ce sens intime ou cette persuasion peu fondée, contre l'évidence qui nous démontre que ce qui implique contradiction, ne peut point exister?

On nous dit très-gravement qu'il n'est pas démontré que Dieu n'existe pas. Cependant rien n'est plus démontré, d'après tout ce que les hommes en ont dit jusqu'à présent, que ce Dieu est une chimere, dont l'existence est totalement impossible; vu que rien n'est plus évident & plus démontré qu'un être ne peut rassembler des qualités aussi disparates, aussi contradictoires, aussi inconciliables que celles que toutes les religions de la terre assignent à la divinité. Le Dieu du théologien, ainsi que le Dieu du théiste, n'est-il pas évidemment une cause incompatible avec les effets qu'on lui attribue? De quelque façon qu'on s'y prenne, il faut ou inventer un autre Dieu, ou convenir que celui dont, depuis tant de siecles, on entretient les mortels, est à la fois très-bon & très-méchant, très-puissant & très-foible, immuable & changeant, parfaitement intelligent & parfaitement dépourvu, & de raison, & de plan, & de moyens; ami de l'ordre & permettant le désordre, très-juste & très-injuste, très-habile & très-mal-adroit. Enfin, n'est-on pas forcé d'avouer qu'il est impossible de concilier les attributs discordants qu'on entasse sur un être, dont on ne peut dire un seul mot sans tomber aussi-tôt dans les contradictions les plus palpables? Que l'on essaie d'attribuer une seule qualité à la divinité, & sur le champ ce qu'on en dira, se trouvera contredit par les effets que l'on assigne à cette cause.

§. 110.

La théologie pourroit à juste titre se définir la *science des contradictions*. Toute religion n'est qu'un système imaginé pour concilier des notions inconciliables. A l'aide de l'habitude & de la terreur,

tenir, on parvient à persister dans les plus grandes absurdités, lors même qu'elles sont le plus clairement exposées. Toutes les religions sont aisées à combattre, mais très-difficiles à déraciner. La raison ne peut rien contre l'habitude qui devient, comme on dit, *une seconde nature*. Il est beaucoup de personnes sensées d'ailleurs, qui, même après avoir examiné les fondements ruineux de leur croyance, y reviennent encore au mépris des raisons les plus frappantes.

Dès qu'on se plaint de ne rien comprendre à la religion, d'y trouver à chaque pas des absurdités qui répugnent, d'y voir des impossibilités, on nous dit que nous ne sommes pas faits pour rien concevoir aux vérités que la religion nous propose; que la raison s'égare, & n'est qu'un guide infidele, capable de nous conduire à la perdition: l'on nous assure de plus que *ce qui est folie aux yeux des hommes, est sagesse aux yeux d'un Dieu*, à qui rien n'est impossible. Enfin, pour trancher d'un seul mot les difficultés les plus insurmontables que la théologie nous présente de toutes parts, on en est quitte pour dire que ce sont des *mysteres*.

§. III.

QU'EST-CE qu'un mystere ? Si j'examine la chose de près, je découvre bientôt qu'un mystere n'est jamais qu'une contradiction, une absurdité palpable, une impossibilité notoire, sur laquelle les théologiens veulent obliger les hommes à fermer humblement les yeux. En un mot, un mystere est tout ce que nos guides spirituels ne peuvent point nous expliquer.

Il est avantageux pour les ministres de la religion, que les peuples ne comprennent rien à ce qu'ils enseignent. On est dans l'impossibilité d'examiner ce que l'on ne comprend point ; toutes les fois qu'on ne voit goutte, on est forcé de se laisser mener. Si la religion étoit claire, les prêtres n'auroient pas tant d'affaires ici-bas.

Point de religion sans mysteres ; le mystere est de son essence ; une religion dépourvue de mysteres, seroit une contradiction dans les termes. Le Dieu qui sert de fondement à la *religion naturelle*, au *théisme* ou au *déisme*, est lui-même le plus grand des mysteres pour un esprit qui veut s'en occuper.

§. 112.

Toutes les religions révélées, que l'on voit dans le monde, sont remplies de dogmes mystérieux, de principes inintelligibles, de merveilles incroyables, de récits étonnants qui ne semblent imaginés que pour confondre la raison. Toute religion annonce un Dieu caché, dont l'essence est un mystere ; en conséquence, la conduite qu'on lui prête, est aussi difficile à concevoir que l'essence de ce Dieu lui-même. La divinité n'a jamais parlé que d'une façon énigmatique & mystérieuse, dans les religions si variées qu'elle a fondées en différentes régions de notre globe : elle ne s'est par-tout révélée que pour annoncer des mysteres ; c'est-à dire, pour avertir les mortels qu'elle prétendoit qu'ils crussent des contradictions, des impossibilités, des choses auxquelles ils étoient incapables d'attacher aucunes idées certaines.

Plus une religion a de mysteres, plus elle présente à l'esprit de choses incroyables, & plus elle est en droit de plaire à l'imagination des hommes qui y trouve dès-lors une pâture continuelle. Plus une religion est ténébreuse, & plus elle paroît divine, c'est-à-dire, conforme à la nature d'un être caché dont on n'a point d'idées.

C'est le propre de l'ignorance de préférer l'inconnu, le caché, le fabuleux, le merveilleux, l'incroyable, le terrible même, à ce qui est clair, simple & vrai. Le vrai ne donne point à l'imagination des secousses aussi vives que la fiction, que d'ailleurs chacun est le maître d'arranger à sa maniere. Le vulgaire ne demande pas mieux que d'écouter des fables; les prêtres & les législateurs, en inventant des religions, & en forgeant des mysteres, l'ont servi à son gré. Ils se sont attachés par là des enthousiastes, des femmes, des ignorants. Des êtres de cette trempe se paient aisément de raisons, qu'ils sont incapables d'examiner: l'amour du simple & du vrai ne se trouve que dans le petit nombre de ceux dont l'imagination est réglée par l'étude & la réflexion.

Les habitants d'un village ne sont jamais plus contents de leur curé, que quand il mêle bien du latin dans son sermon. Les ignorants s'imaginent toujours que celui qui leur parle de choses qu'ils ne comprennent pas, est un homme très-habile. Voilà le vrai principe de la crédulité des peuples, & de l'autorité de ceux qui prétendent les guider.

§. 113.

PARLER aux hommes pour leur annoncer des mysteres, c'est donner & retenir; c'est parler pour n'être point entendu. Celui qui ne parle que par énigmes, ou cherche à s'amuser de l'embarras qu'il cause, ou trouve son intérêt à ne pas s'expliquer trop clairement. Tout secret annonce défiance, impuissance & crainte. Les princes & leurs ministres font mystere de leurs projets, de peur que leurs ennemis, venant à les pénétrer, ne les fassent échouer. Un Dieu bon peut-il donc s'amuser de l'embarras de ses créatures ? Un Dieu, qui jouit d'une puissance à laquelle rien au monde n'est capable de résister, peut-il appréhender que ses vues soient traversées ? Quel intérêt auroit-il donc à nous faire débiter des énigmes & des mysteres ?

On nous dit que l'homme, par la foiblesse de sa nature, n'est capable de rien comprendre à l'économie divine, qui ne peut être pour lui qu'un tissu de mysteres : Dieu ne peut lui dévoiler des secrets, nécessairement au dessus de sa portée. Dans ce cas, je répondrai toujours que l'homme n'est pas fait pour s'occuper de l'économie divine ; que cette économie ne peut aucunement l'intéresser ; qu'il n'a nul besoin de mysteres qu'il ne sauroit entendre ; & partant, qu'une religion mystérieuse n'est pas plus faite pour lui, qu'un discours éloquent n'est fait pour un troupeau de brebis.

§. 114.

LA divinité s'est révélée d'une façon si peu uniforme dans les diverses contrées de notre globe, qu'en matiere de religion, les hommes se regardent les uns les autres avec les yeux de la haine ou du mépris. Les partisans des différentes sectes se trouvent réciproquement très-ridicules & très-foux ; les mysteres les plus respectés dans une religion, sont des objets de risée pour une autre. Dieu, ayant tant fait que de se révéler aux hommes, auroit au moins dû leur parler une même langue à tous, & dispenser leur foible esprit de l'embarras de chercher quelle peut être la religion vraiment émanée de lui, ou quel est le culte le plus agréable à ses yeux.

Un Dieu universel auroit dû révéler une religion universelle. Par quelle fatalité se trouve-t-il donc tant de religions différentes sur la terre? Quelle est la véritable parmi le grand nombre de celles qui, chacune, prétendent l'être à l'exclusion de toutes les autres? Il y a tout lieu de croire qu'aucune ne jouit de cet avantage; la division & les disputes, dans les opinions, sont les signes indubitables de l'incertitude & de l'obscurité des principes d'où l'on part.

§. 115.

Si la religion étoit nécessaire à tous les hommes, elle devroit être intelligible pour tous les hommes. Si cette religion étoit la chose la plus importante pour eux, la bonté de Dieu sembleroit exiger qu'elle fût pour eux de toutes les choses la plus claire, la plus évidente, la plus démontrée. N'est-il donc pas étonnant de voir que cette chose, si essentielle au salut des mortels, est précisément celle qu'ils entendent le moins, & sur laquelle, depuis tant de siecles, leurs docteurs ont le plus disputé? Jamais les prêtres d'une même secte ne sont parvenus jusqu'ici à s'accorder entre eux, sur la façon d'entendre les volontés d'un Dieu qui a bien voulu se révéler.

Le monde que nous habitons peut être comparé à une place publique, dans les différentes parties de laquelle sont répandus plusieurs charlatans qui, chacun, s'efforcent d'attirer les pasfants, en décriant les remedes que débitent leurs confreres. Chaque boutique a ses chalands, persuadés que leurs empiriques possedent seuls les bons remedes : malgré l'usage continuel qu'ils en font, ils ne s'apperçoivent pas qu'ils ne s'en trouvent pas mieux, ou qu'ils sont tout aussi malades que ceux qui courent après les charlatans d'une boutique différente. La dévotion est une maladie de l'imagination contractée dès l'enfance ; le dévot est un hypocondriaque qui ne fait qu'augmenter son mal, à force de remedes. Le sage n'en prend aucun, il suit un bon régime, & d'ailleurs il laisse agir la nature.

§. 116.

Aux yeux d'un homme sensé, rien ne paroît plus ridicule que les jugements que portent, les uns des autres, les partisans également insensés des différentes religions, dont la terre est peuplée. Un chrétien trouve que l'*Alcoran*, c'est-à-dire, la révélation divine annoncée par Mahomet, n'est qu'un tissu de rêveries impertinentes & d'impostures injurieuses à la divinité. Le mahométan, de son côté, traite le chrétien d'*idolâtre* & de *chien*; il ne voit que des absurdités dans sa religion ; il s'imagine être en droit de conquérir son pays, & de le forcer, le glaive en main, de recevoir la religion de son divin prophete ; il croit sur-tout que rien n'est plus impie & plus déraisonnable que d'adorer un homme, ou de croire la *trinité*. Le chrétien protestant, qui sans scrupule adore un homme, & qui croit fermement le mystere inconcevable de la *trinité*, se moque du chrétien catholique, parce que celui-ci croit de plus au mystere de la *transubstantiation*; il le traite de fou, d'impie & d'idolâtre, parce qu'il se met à genoux pour adorer du pain, dans lequel il croit voir le Dieu de l'univers. Les chrétiens de toutes les sectes s'accordent à regarder comme des sottises les incarnations du dieu des Indes *Vistnou* ; ils soutiennent que la seule *incarnation* véritable est celle de *Jesus* fils du Dieu de l'univers & de la femme d'un charpentier. Le théiste, qui se dit sectateur d'une religion qu'il suppose être celle de la nature, content d'admettre un Dieu dont il n'a nulle idée, se permet de plaisanter sur tous les autres mysteres enseignés par toutes les religions du monde.

§. 117.

Un théologien fameux n'a-t-il pas reconnu l'absurdité d'admettre un Dieu, & de s'arrêter en chemin ? « A nous autres, dit-il, qui croyons par
» la foi un vrai Dieu, une substance singuliere,
» rien ne doit plus nous coûter. Ce premier mys-
» tere, qui n'est pas petit en lui-même, une fois
» admis, la raison ne doit plus souffrir de vio-
» lence sur tout le reste. Pour moi je n'ai pas plus
» de peine à recevoir un million de choses que
» je n'entends pas, qu'à croire la premiere vérité
» qui me passe (5). »

Est-il rien de plus contradictoire, de plus impossible ou de plus mystérieux que la création de la matiere par un être immatériel, qui lui-même immuable opere les changements continuels que nous voyons dans le monde ? Est-il rien de plus

---

(5) *Voyez bibliotheque raisonnée*, tome I, page 84. Ce passage est du R. P. Hardouin de la société de Jesus.

incompatible avec toutes les notions du bon sens que de croire qu'un être souverainement bon, sage, équitable & puissant préside à la nature, & dirige par lui-même les mouvements d'un monde qui n'est rempli que de folies, de miseres, de crimes, de désordres qu'il auroit pu d'un seul mot prévenir, empêcher ou faire disparoître ? En un mot, dès qu'on admet un être aussi contradictoire que le Dieu théologique, de quel droit refuseroit-on d'admettre les fables les plus improbables, les miracles les plus étonnants, les mysteres les plus profonds ?

§. 118.

LE théiste nous crie : *gardez-vous d'adorer le Dieu farouche & bizarre de la théologie ; le mien est un être infiniment sage & bon ; c'est le pere des hommes ; c'est le plus doux des souverains ; c'est lui qui remplit l'univers de ses bienfaits* : mais, lui dirai-je, ne voyez-vous pas que tout dément en ce monde les belles qualités que vous donnez à votre Dieu ? Dans la famille nombreuse de ce pere si tendre, je n'apperçois que des malheureux. Sous l'empire de ce souverain si juste, je ne vois que le crime victorieux & la vertu dans la détresse. Parmi ces bienfaits que vous vantez, & que votre enthousiasme veut seuls envisager, je vois une foule de maux de toute espece, sur lesquels vous vous obstinez à fermer les yeux. Forcé de reconnoître que votre Dieu si bon, en contradiction avec lui-même, distribue de la même main & le bien & le mal, vous vous trouverez obligé, pour le justifier, de me renvoyer, comme le prêtre, aux régions de l'autre vie. Inventez donc un autre Dieu que la théologie, car le vôtre est aussi contradictoire que le sien. Un Dieu bon qui fait le mal ou qui permet qu'il se fasse ; un Dieu rempli d'équité, & dans l'empire duquel l'innocence est si souvent opprimée ; un Dieu parfait qui ne produit que des ouvrages imparfaits & misérables : un tel Dieu & sa conduite ne sont-ils pas d'aussi grands mysteres que celui de l'incarnation ?

Vous rougissez, dites-vous, pour vos concitoyens, à qui l'on persuade que le Dieu de l'univers a pu se changer en homme & mourir sur une croix dans un coin de l'Asie. Vous trouvez très-absurde le mystere ineffable de la trinité ? Rien ne nous paroît plus ridicule qu'un Dieu qui se change en pain & qui se fait manger chaque jour en mille endroits différents. Eh bien, tous ces mysteres sont-ils donc plus choquants pour la raison, qu'un Dieu vengeur & rémunérateur des actions des hommes ? L'homme, selon vous, est-il libre ou ne l'est-il pas ? Dans l'un ou dans l'autre cas, votre Dieu, s'il a l'ombre de l'équité, ne peut ni le punir ni le récompenser. Si l'homme est libre, c'est Dieu qui l'a fait libre d'agir ou de ne pas agir ; c'est donc Dieu qui est la cause primitive de toutes ses actions ; en punissant l'homme de ses fautes, il le puniroit d'avoir exécuté ce qu'il lui a donné la liberté de faire. Si l'homme n'est pas libre d'agir autrement qu'il ne fait, Dieu ne seroit-il pas le plus injuste des êtres, en le punissant des fautes qu'il n'a pu s'empêcher de commettre ?

Bien des personnes sont vraiment frappées des absurdités de détail, dont toutes les religions du monde sont remplies ; mais elles n'ont pas le courage de remonter jusqu'à la source d'où ces absurdités ont dû nécessairement découler. On ne voit pas qu'un Dieu rempli de contradictions, de bizarreries, de qualités incompatibles, en échauffant ou fécondant l'imagination des hommes, n'a pu jamais faire éclorre qu'une longue suite de chimeres.

§. 119.

On croit fermer la bouche à ceux qui nient l'existence d'un Dieu, en leur disant que tous les hommes, dans tous les siecles, dans tous les pays, ont reconnu l'empire d'une divinité quelconque; qu'il n'est point de peuple sur la terre qui n'ait eu la croyance d'un être invisible & puissant, dont il a fait l'objet de son culte & de sa vénération; enfin, qu'il n'est pas de nation, si sauvage qu'on la suppose, qui ne soit persuadée de l'existence de quelque intelligence supérieure à la nature humaine. Mais la croyance de tous les hommes peut-elle changer une erreur en vérité? Un philosophe célebre a dit avec raison: *on ne prescrit point contre la vérité par la tradition générale ou par le consentement unanime de tous les hommes* (6). Un autre sage avoit dit avant lui *qu'une armée de docteurs ne suffiroit pas pour changer la nature de l'erreur & pour en faire une vérité* (7).

Il fut un temps où tous les hommes ont cru que le soleil tournoit autour de la terre, tandis que celle-ci demeuroit immobile au centre de tout le système du monde: il n'y a guere plus de deux siecles que cette erreur est détruite. Il

---

(6) *Bayle.*   (7) *Averroës.*

fut un temps où personne ne vouloit croire l'existence des antipodes, & où l'on persécutoit ceux qui avoient la témérité de la soutenir; aujourd'hui nul homme instruit n'ose plus en douter. Tous les peuples du monde, à l'exception pourtant de quelques hommes moins crédules que les autres, croient encore aux sorciers, aux revenants, aux apparitions, aux esprits, & nul homme sensé ne s'imagine être obligé d'adopter ces sottises; mais les gens les plus sensés se font une obligation de croire un esprit universel!

§. 120.

Tous les dieux adorés par les hommes ont une origine sauvage; ils ont été visiblement imaginés par des peuples stupides, ou furent présentés par des législateurs ambitieux & rusés à des nations simples & grossieres, qui n'avoient ni la capacité, ni le courage d'examiner mûrement les objets, qu'à force de terreurs on leur faisoit adorer.

En regardant de près le Dieu que nous voyons encore adoré de nos jours par les nations les plus policées, on est forcé de reconnoître qu'il porte évidemment des traits sauvages. Etre sauvage, c'est ne connoître d'autre droit que la force; c'est être cruel jusqu'à l'excès; c'est ne suivre que son caprice; c'est manquer de prévoyance, de prudence & de raison. Peuples qui vous croyez civilisés! ne reconnoissez-vous pas à cet affreux caractere le Dieu à qui vous prodiguez votre encens? Les peintures que l'on vous fait de la divinité, ne sont-elles pas visiblement empruntées de l'humeur implacable, jalouse, vindicative, sanguinaire, capricieuse, inconsidérée de l'homme qui n'a point encore cultivé sa raison ? O hommes ! vous n'adorez qu'un grand sauvage, que vous regardez pourtant comme un modele à suivre, comme un maître aimable, comme un souverain rempli de perfections.

Les opinions religieuses des hommes de tout pays sont des monuments antiques & durables de l'ignorance, de la crédulité, des terreurs & de la férocité de leurs ancêtres. Tout sauvage est un enfant avide du merveilleux, qui s'en abreuve à longs traits, & qui ne raisonne jamais sur ce qu'il trouve propre à remuer son imagination. Son ignorance sur les voies de la nature fait qu'il attribue à des esprits, à des enchantements, à la magie, tout ce qui lui paroît extraordinaire : à ses yeux ses prêtres sont des sorciers dans lesquels il suppose un pouvoir tout divin, devant lesquels sa raison confondue s'humilie, dont les oracles sont pour lui des décrets infaillibles qu'il seroit dangereux de contredire.

En matiere de religion les hommes, pour la plupart, sont demeurés dans leur barbarie primitive. Les religions modernes ne sont que des folies anciennes, rajeunies ou présentées sous quelque forme nouvelle. Si les anciens sauvages ont adoré des montagnes, des rivieres, des serpents, des arbres, des fétiches de toute espece ; si les sages Egyptiens ont rendu leurs hommages à des crocodiles, à des rats, à des oignons, ne voyons-nous pas des peuples, qui se croient plus sages qu'eux, adorer avec respect du pain dans lequel ils s'imaginent que les enchantements de leurs prêtres font descendre la divinité ? Le Dieu-pain n'est-il pas le *fétiche* de plusieurs nations chrétiennes, aussi peu raisonnables en ce point que les nations les plus sauvages ?

§. 121.

La férocité, la stupidité, la folie de l'homme sauvage se sont de tout temps décelées dans les usages religieux qui furent si souvent ou cruels ou extravagants. Un esprit de barbarie s'est perpétué jusqu'à nous ; il perce dans les religions que suivent les nations les plus policées. Ne voyons-nous pas encore offrir à la divinité des victimes humaines ? Dans la vue d'appaiser la colere d'un Dieu que l'on suppose toujours aussi féroce, aussi jaloux, aussi vindicatif qu'un sauvage, des loix de sang ne font-elles pas périr dans des supplices recherchés ceux qu'on croit lui déplaire par leur façon de penser ? Les nations modernes, à l'instigation de leurs prêtres, ont peut-être même renchéri sur la folie atroce des nations les plus barbares ; au moins ne trouvons-nous pas qu'il soit venu dans l'esprit d'aucuns sauvages de tourmenter pour des opinions, de fouiller dans les pensées, d'inquiéter les hommes pour les mouvements invisibles de leurs cerveaux.

Quand on voit des nations policées & savantes, des Anglois, des François, des Allemands, &c. malgré toutes leurs lumieres, continuer à se mettre à genoux devant le Dieu barbare des Juifs, c'est-à-dire, du peuple le plus stupide, le plus crédule, le plus sauvage, le plus insociable qui fût jamais sur la terre : quand on voit ces nations éclairées se partager en sectes, se déchirer les unes les autres, se haïr & se mépriser pour les opinions également ridicules qu'elles prennent sur la conduite & les intentions de ce Dieu déraisonnable : quand on voit des personnes habiles s'occuper sottement à méditer les volontés de ce Dieu rempli de caprices & de folies, on est tenté de s'écrier : ô hommes ! vous êtes encore sauvages : ô hommes ! vous n'êtes que des enfants, dès qu'il est question de la religion.

§. 122.

QUICONQUE s'est formé des idées vraies de l'ignorance, de la crédulité, de la négligence & de la sottise du vulgaire, tiendra toujours les opinions pour d'autant plus suspectes, qu'il les trouvera plus généralement établies. Les hommes, pour la plupart, n'examinent rien ; ils se laissent aveuglément conduire par la coutume & l'autorité : leurs opinions religieuses sont, sur-tout, celles qu'ils ont moins le courage & la capacité d'examiner ; comme ils n'y comprennent rien, ils sont forcés de se taire, ou du moins ils sont bientôt au bout de leurs raisonnements. Demandez à tout homme du peuple s'il croit en Dieu ; il sera tout surpris que vous puissiez en douter. Demandez-lui ensuite ce qu'il entend par le mot *Dieu* ; vous le jetterez dans le plus grand embarras ; vous vous appercevrez sur le champ qu'il est incapable d'attacher aucune idée réelle à ce mot qu'il répete sans cesse : il vous dira que Dieu est Dieu, & vous trouverez qu'il ne sait, ni ce qu'il en pense, ni les motifs qu'il a d'y croire.

Tous les peuples parlent d'un Dieu ; mais sont-ils d'accord sur ce Dieu ? Non ; eh bien, le partage sur une opinion ne prouve point son évidence, mais est un signe d'incertitude & d'obscurité. Le même homme est-il toujours d'accord avec lui-même dans les notions qu'il s'est faites de son Dieu ? Non ; cette idée varie avec les vicissitudes que sa machine éprouve : autre signe d'incertitude. Les hommes sont toujours d'accord avec les autres & avec eux-mêmes sur les vérités démontrées : dans quelque position qu'ils se trouvent, à moins d'être insensés, tous reconnoissent que deux & deux font quatre ; que le soleil éclaire ; que le tout est plus grand que sa partie ; que la justice est un bien ; qu'il faut être bienfaisant pour mériter l'affection des hommes ; que l'injustice & la cruauté sont incompatibles avec la bonté. S'accordent-ils de même quand ils parlent de Dieu ? Tout ce qu'ils en pensent ou en disent, est aussi-tôt renversé par les effets qu'ils vont lui attribuer.

Dites à plusieurs peintres de représenter une chimere ; chacun d'eux, s'en formant des idées différentes, la peindra diversement ; vous ne trouverez nulle ressemblance entre les traits que chacun d'eux aura donnés à un portrait dont le modele n'existe nulle part. Tous les théologiens du monde, en peignant Dieu, nous peignent-ils autre chose qu'une grande chimere sur les traits de laquelle ils ne sont jamais d'accord entre eux ; que chacun arrange à sa maniere, & qui n'existe que dans son propre cerveau ? Il n'est pas deux individus sur la terre qui aient, ou qui puissent avoir les mêmes idées de leur Dieu.

§. 123.

PEUT-ETRE seroit-il plus vrai de dire que tous les hommes sont, ou des sceptiques, ou des athées, que de prétendre qu'ils sont fermement convaincus de l'existence d'un Dieu. Comment être assuré de l'existence d'un être que l'on n'a jamais pu examiner, dont il n'est pas possible de se faire aucune idée permanente, dont les effets divers sur nous-mêmes nous empêchent de porter un jugement invariable, dont la notion ne peut être uniforme dans deux cervelles différentes? Comment peut-on se dire intimement persuadé de l'existence d'un être à qui l'on est à tout moment forcé d'attribuer une conduite opposée aux idées que l'on avoit tâché de s'en former? Est-il donc possible de croire fermement ce qu'on ne peut concevoir? Croire ainsi, n'est-ce pas adhérer à l'opinion des autres sans en avoir aucune à soi? Les prêtres reglent la croyance du vulgaire; mais ces prêtres n'avouent-ils pas eux-mêmes que Dieu est incompréhensible pour eux? Concluons donc que la conviction pleine & entiere de l'existence d'un Dieu, n'est pas aussi générale que l'on voudroit l'affirmer.

Etre sceptique, c'est manquer des motifs nécessaires pour asseoir un jugement. A la vue des preuves qui semblent établir, & des arguments qui combattent l'existence d'un Dieu, quelques personnes prennent le parti de douter & de suspendre leur assentiment. Mais au fond cette incertitude n'est fondée que sur ce qu'on n'a pas suffisamment examiné. Est-il donc possible de douter de l'évidence? Les gens sensés se moquent avec raison d'un pirrhonisme absolu, &

même le jugent impossible. Un homme qui douteroit de sa propre existence ou de celle du soleil, paroîtroit complétement ridicule, ou seroit soupçonné de raisonner de mauvaise foi. Est-il moins extravagant d'avoir des incertitudes sur la non-existence d'un être évidemment impossible? Est-il plus absurde de douter de sa propre existence, que d'hésiter sur l'impossibilité d'un être dont les qualités se détruisent réciproquement? Trouve-t-on plus de probabilités pour croire un être spirituel, que pour croire à l'existence d'un bâton sans deux bouts? La notion d'un être infiniment bon & puissant, qui fait ou permet pourtant une infinité de maux, est-elle moins absurde ou moins impossible que celle d'un triangle carré? Concluons donc que le scepticisme religieux ne peut être l'effet que d'un examen peu réfléchi des principes théologiques, qui sont dans une contradiction perpétuelle avec les principes les plus clairs & les mieux démontrés.

Douter, c'est délibérer sur le jugement que l'on doit porter. Le scepticisme n'est qu'un état d'indécision qui résulte de l'examen superficiel des choses. Est-il possible d'être sceptique en matiere de religion, quand on daigne remonter jusqu'à ses principes, & regarder de près la notion du Dieu qui lui sert de fondement? Le doute vient pour l'ordinaire, ou de paresse, ou de foiblesse, ou d'indifférence, ou d'incapacité. Douter, pour bien des gens, c'est craindre la peine d'examiner des choses auxquelles on n'attache que fort peu d'intérêt. Cependant la religion étant présentée aux hommes comme la chose qui doit avoir pour eux les plus grandes conséquences, & dans ce monde, & dans l'autre, le scepticisme & le doute à son sujet ne peuvent être pour l'esprit qu'un état désagréable, & ne lui offrent rien moins qu'un *oreiller commode*. Tout homme qui n'a pas le courage de contempler sans prévention le Dieu sur lequel toute religion se fonde, ne peut savoir pour quelle religion se décider; il ne sait plus ce qu'il doit croire ou ne pas croire, admettre ou rejeter, espérer ou craindre; en un mot, il ne peut plus prendre son parti sur rien.

L'indifférence sur la religion ne peut pas être confondue avec le scepticisme : cette indifférence est elle-même fondée sur l'assurance où l'on est, ou sur la probabilité que l'on trouve à croire que la religion n'est pas faite pour intéresser. La persuasion où l'on est qu'une chose que l'on montre comme très-importante ne l'est point, ou n'est qu'indifférente, suppose un examen suffisant de la chose, sans lequel il seroit impossible d'avoir cette persuasion. Ceux qui se donnent pour sceptiques sur les points fondamentaux de la religion, ne sont pour l'ordinaire que des indolents ou des hommes peu capables d'examiner.

§. 124.

DANS toutes les contrées de la terre, on nous assure qu'un Dieu s'est révélé. Qu'a-t-il appris aux hommes? Leur prouve-t-il évidemment qu'il existe? Leur dit-il où il réside? Leur enseigne-t-il ce qu'il est, ou en quoi son essence consiste? Leur explique-t-il clairement ses intentions & son plan? Ce qu'il dit de ce plan s'accorde-t-il avec les effets que nous voyons? Non sans doute; il apprend seulement *qu'il est celui qui est;*

qu'il est un *Dieu caché* ; que ses voies sont ineffables ; qu'il entre en fureur, dès qu'on a la témérité d'approfondir ses décrets, ou de consulter la raison pour juger de lui ou de ses ouvrages.

La conduite révélée de Dieu répond-elle aux idées magnifiques qu'on voudroit nous donner de sa sagesse, de sa bonté, de sa justice, de sa toute-puissance ? Nullement : dans toute révélation cette conduite annonce un être partial, capricieux, bon tout au plus pour un peuple qu'il favorise, ennemi de tous les autres ; s'il daigne se montrer à quelques hommes, il a soin de tenir tous les autres dans l'ignorance invincible de ses intentions divines. Toute révélation particuliere n'annonce-t-elle pas évidemment en Dieu, de l'injustice, de la partialité, de la malignité ?

Les volontés révélées par un Dieu sont-elles capables de frapper par la raison sublime ou la sagesse qu'elles renferment ? Tendent-elles évidemment au bonheur du peuple à qui la divinité les déclare ? En examinant les volontés divines, je n'y trouve en tout pays que des ordonnances bizarres, des préceptes ridicules, des cérémonies dont on ne devine aucunement le but, des pratiques puériles, une étiquette indigne du monarque de la nature, des offrandes, des sacrifices, des expiations, utiles à la vérité pour les ministres du Dieu, mais très-onéreuses au reste des citoyens. Je trouve de plus que ces loix ont très-souvent pour but de rendre les hommes insociables, dédaigneux, intolérants, querelleurs, injustes, inhumains envers tous ceux qui n'ont point reçu ni les mêmes révélations qu'eux, ni les mêmes ordonnances, ni les mêmes faveurs du ciel.

§. 125.

Les préceptes de la morale annoncée par la divinité, sont-ils vraiment divins ou supérieurs à ceux que tout homme raisonnable pourroit imaginer ? Ils ne sont divins que parce qu'il est impossible à l'esprit humain d'en démêler l'utilité. Ils font consister la vertu dans un renoncement total à la nature humaine, dans un oubli volontaire de sa raison, dans une sainte haine pour soi. Enfin ces préceptes sublimes nous montrent assez souvent la perfection dans une conduite cruelle pour nous-mêmes, & parfaitement inutile aux autres.

Quelque Dieu s'est-il montré ? A-t-il lui-même promulgué ses loix ? A-t-il parlé aux hommes de sa propre bouche ? On m'apprend que Dieu ne s'est point montré à tout un peuple, mais qu'il s'est toujours servi de l'organe de quelques personnages favorisés, qui se sont chargés du soin d'enseigner & d'expliquer ses intentions aux profanes. Il ne fut jamais permis au peuple d'entrer dans le sanctuaire ; les ministres des dieux eurent toujours, seuls, le droit de lui rapporter ce qui s'y passe.

§. 126.

Si dans l'économie de toutes les révélations divines, je me plains de ne reconnoître ni la sagesse, ni la bonté, ni l'équité d'un Dieu ; si je soupçonne de la fourberie, de l'ambition, des vues d'intérêt dans les grands personnages qui se sont interposés entre le ciel & nous, on m'assure que Dieu a confirmé, par des miracles éclatants, la mission de ceux qui ont parlé de sa part. Mais n'étoit-il pas plus simple de se montrer & de s'expliquer par lui-même ? D'un autre côté, si j'ai la curiosité d'examiner ces miracles, je vois que ce sont des récits dépourvus de vraisemblance, rapportés par des gens suspects, qui avoient le plus grand intérêt de faire croire à d'autres qu'ils étoient les envoyés du Très-haut.

Quels témoins nous cite-t-on pour nous engager à croire des miracles incroyables ? L'on en appelle au témoignage de peuples imbécilles qui n'existent plus depuis des milliers d'années, & que, quand bien même ils pourroient attester les miracles en question, l'on pourroit soupçonner d'avoir été les dupes de leur propre imagination, & de s'être laissé séduire par des prestiges que des imposteurs habiles opéroient à leurs yeux. Mais, direz-vous, ces miracles sont consignés dans des livres qui, par une tradition constante, se sont perpétués jusqu'à nous. Par qui ces livres ont-ils été écrits ? Qui sont les hommes qui les ont transmis & perpétués ? Ce sont ou les mêmes gens qui ont établi les religions, ou ceux qui sont devenus leurs adhérents & leurs ayant-causes. Ainsi donc en matiere de religion, le témoignage des parties intéressées est irréfragable & ne peut être contesté !

§. 127.

Dieu a parlé diversement à chaque peuple du globe que nous habitons. L'Indien ne croit pas un mot de ce qu'il a dit au Chinois ; le Mahométan regarde comme des fables ce qu'il a dit au Chrétien ; le Juif regarde, & le Mahométan & le Chrétien comme des corrupteurs sacrileges de la loi sainte que son Dieu avoit donnée à ses peres. Le Chrétien, fier de sa révélation plus moderne, damne également, & l'Indien, & le Chinois, & le Mahométan, & le Juif même, dont il tient ses livres saints. Qui a tort ou raison ? Chacun s'écrie, c'est moi ! chacun allegue les mêmes preuves ; chacun nous parle de ses miracles, de ses devins, de ses prophetes, de ses martyrs. L'homme sensé leur répond qu'ils sont tous en délire ; que Dieu n'a point parlé, s'il est vrai qu'il soit un esprit qui ne peut avoir ni bouche, ni langue ; que le Dieu de l'univers pourroit, sans emprunter l'organe des mortels, inspirer à ses créatures ce qu'il voudroit qu'elles apprissent ; & que comme elles ignorent également par-tout ce qu'elles doivent penser sur Dieu, il est évident que Dieu n'a pas voulu les en instruire.

Les adhérents des différents cultes que l'on voit établis en ce monde, s'accusent les uns les autres de superstition & d'impiété. Les chrétiens ont horreur de la superstition païenne, Chinoise, mahométane. Les catholiques Romains traitent d'impie les chrétiens protestants ; ceux-ci déclament sans cesse contre la superstition Romaine. Ils ont tous raison. Etre impie, c'est avoir des opinions injurieuses pour le Dieu qu'on adore : être superstitieux, c'est en avoir des idées fausses. En s'accusant réciproquement de superstition, les différents religionistes ressemblent à des bossus qui se reprocheroient les uns aux autres leur conformation vicieuse.

§. 128.

Les oracles que la divinité a révélés aux nations par ses différents envoyés, sont-ils clairs ? Hélas !

Il n'eſt pas deux hommes qui les entendent de la même maniere. Ceux qui les expliquent aux autres, ne ſont jamais d'accord entre eux ; pour les éclaircir, on a recours à des interprétations, à des commentaires, à des allégories, à des gloſes ; on y découvre un *ſens myſtique* bien différent du *ſens littéral*. Il faut par-tout des hommes pour débrouiller les volontés d'un Dieu, qui n'a pas pu ou voulu s'expliquer clairement à ceux qu'il vouloit éclairer. Dieu préfere toujours de ſe ſervir de l'organe de quelques hommes, que l'on peut ſoupçonner de s'être trompés eux-mêmes, ou d'avoir eu des raiſons pour vouloir tromper les autres.

§. 129.

Les fondateurs de toutes les religions ont communément prouvé leurs miſſions par des miracles. Mais qu'eſt-ce qu'un miracle ? C'eſt une opération directement oppoſée aux loix de la nature. Mais, ſelon vous, qui avoit fait ces loix ? C'eſt Dieu. Ainſi votre Dieu, qui ſelon vous a tout prévu, contrarie les loix que ſa ſageſſe avoit impoſées à la nature ! Ces loix étoient donc fautives, ou du moins dans de certaines circonſtances elles ne s'accordoient plus avec les vues de ce même Dieu, puiſque vous nous apprenez qu'il a cru devoir les ſuſpendre ou les contrarier.

On veut nous perſuader que des hommes favoriſés par le Très-haut ont reçu de lui le pouvoir de faire des miracles ; mais pour faire un miracle, il faut avoir la faculté de créer de nouvelles cauſes capables de produire des effets oppoſés à ceux que les cauſes ordinaires peuvent opérer.

Conçoit-on bien que Dieu puisse donner à des hommes le pouvoir inconcevable de créer ou de tirer des causes du néant ? Est-il croyable qu'un Dieu, qui ne change point, puisse communiquer à des hommes le pouvoir de changer ou de rectifier son plan, pouvoir que, d'après son essence, un être immuable ne peut pas avoir lui-même ? Les miracles, loin de faire beaucoup d'honneur à Dieu, loin de prouver la divinité d'une religion, anéantissent évidemment l'idée que l'on nous donne de Dieu, de son immutabilité, de ses attributs incommunicables, & même de sa toute-puissance. Comment un théologien peut-il nous dire qu'un Dieu, qui a dû embrasser tout l'ensemble de son plan, qui n'a pu faire que des loix très-parfaites, qui ne peut y rien changer, soit forcé d'employer des miracles pour faire réussir ses projets, ou puisse accorder à ses créatures la faculté d'opérer des prodiges pour exécuter ses volontés divines ? Est-il croyable qu'un Dieu ait besoin de l'appui des hommes ? Un être tout-puissant, dont les volontés sont toujours accomplies ; un être qui tient dans ses mains les cœurs & les esprits de ses créatures, n'a qu'à vouloir pour qu'elles croient tout ce qu'il desire.

§. 130.

QUE dirons-nous de quelques religions qui fondent leur divinité sur des miracles, qu'elles prennent soin elles-mêmes de nous rendre suspects ? Comment ajouter foi aux miracles rapportés dans les livres sacrés des chrétiens, où Dieu se vante lui-même d'endurcir les cœurs, d'aveugler ceux qu'il veut perdre ; où ce Dieu permet aux esprits malins & aux magiciens de faire des miracles aussi grands que ceux de ses serviteurs ; où l'on prédit que *l'ante-christ* aura le pouvoir d'opérer des prodiges capables d'ébranler la foi des élus mêmes ? Cela posé, à quels signes reconnoître si Dieu nous veut instruire ou veut nous tendre un piege ? Comment distinguer si les merveilles que nous voyons viennent de Dieu ou du démon ?

Paschal, pour nous tirer d'embarras, nous dit très-gravement qu'*il faut juger la doctrine par les miracles, & les miracles par la doctrine ; que la doctrine discerne les miracles & les miracles discernent la doctrine*. S'il existe un cercle vicieux & ridicule, c'est, sans doute, dans ce beau raisonnement d'un des plus grands défenseurs de la religion chrétienne. Quelle est la religion dans ce monde qui ne se vante pas de posséder la doctrine la plus admirable, & qui ne rapporte pas un grand nombre de miracles pour l'appuyer ?

Un miracle est-il capable d'anéantir l'évidence d'une vérité démontrée ? Quand un homme auroit le secret de guérir tous les malades, de redresser tous les boiteux, de ressusciter tous les morts d'une ville, de s'élever dans les airs, d'arrêter le cours du soleil & de la lune, pourra-t-il me convaincre par là que deux & deux ne font point quatre, qu'un fait trois, & que trois ne font qu'un ; qu'un Dieu, qui remplit l'univers de son immensité, a pu se renfermer dans le corps d'un Juif ; que l'éternel peut mourir comme un homme ; qu'un Dieu, que l'on dit immuable, prévoyant & sensé, a pu changer d'avis sur sa religion, & réformer son propre ouvrage par une révélation nouvelle ?

§. 131.

Suivant les principes mêmes de la théologie, soit naturelle, soit révélée, toute révélation nouvelle devroit passer pour fausse ; tout changement dans une religion émanée de la divinité devroit être réputé une impiété, un blasphême. Toute réforme ne suppose-t-elle pas que Dieu n'a pas su du premier coup donner à sa religion ni la solidité ni la perfection requise ? Dire que Dieu, en donnant une premiere loi, s'est accommodé aux idées grossieres du peuple qu'il vouloit éclairer, c'est prétendre que Dieu n'a ni pu, ni voulu rendre le peuple qu'il éclairoit alors aussi raisonnable qu'il devoit être pour lui plaire.

Le christianisme est une impiété, s'il est vrai que le judaïsme ait jamais été une religion réellement émanée d'un Dieu saint, immuable, tout-puissant & prévoyant. La religion du Christ suppose, soit des défauts dans la loi que Dieu lui-même avoit donnée par Moïse, soit de l'impuissance ou de la malice dans ce Dieu qui n'a pas pu ou voulu rendre les Juif tels qu'il falloit qu'ils fussent à son gré. Toutes les religions nouvelles, ou réformes de religions anciennes, sont évidemment fondées sur l'impuissance, sur l'inconstance, sur l'imprudence, sur la malice de la divinité.

§. 132.

Si l'histoire m'apprend que les premiers apôtres, fondateurs ou réformateurs de religions, ont fait de grands miracles, l'histoire m'apprend aussi que ces apôtres réformateurs & leurs adhérents ont été communément honnis, persécutés & mis à mort comme des perturbateurs du repos des nations. Je suis donc tenté de croire qu'ils n'ont pas fait les miracles qu'on leur attribue : en effet, ces miracles auroient dû leur faire des partisans en grand nombre parmi ceux qui les voyoient, qui auroient dû empêcher que les opérateurs ne fussent maltraités. Mon incrédulité redouble, si l'on me dit que les faiseurs de miracles ont été cruellement tourmentés ou suppliciés. Comment croire que des missionnaires, protégés par un Dieu, & revêtus de sa puissance divine, jouissant du don des miracles, n'aient pu opérer le miracle si simple de se soustraire à la cruauté de leurs persécuteurs ?

On a l'art de tirer des persécutions elles-mêmes une preuve convaincante en faveur de la religion de ceux qui les ont éprouvées : mais une religion qui se vante d'avoir coûté la vie à beaucoup de martyrs, & qui nous apprend que ses fondateurs ont souffert, pour l'étendre, des supplices inouis, ne peut être la religion d'un Dieu bienfaisant, équitable & tout-puissant. Un Dieu bon ne permettroit pas que des hommes, chargés d'annoncer ses volontés, fussent maltraités. Un Dieu tout-puissant, voulant fonder une religion, se serviroit de voies plus simples & moins funestes aux plus fideles de ses serviteurs. Dire que Dieu a voulu que sa religion fût scellée par le sang, c'est dire que ce Dieu est foible, injuste, ingrat & sanguinaire, & qu'il sacrifie indignement ses envoyés aux vues de son ambition.

§. 133.

Mourir pour une religion ne prouve pas qu'une religion soit véritable ou divine ; cela prouve tout au plus qu'on la suppose telle. Un enthousiaste, en mourant, ne prouve rien, sinon que le fanatisme religieux est souvent plus fort que l'amour pour la vie. Un imposteur peut quelquefois mourir avec courage, il fait alors, comme on dit, de *nécessité vertu*.

On est souvent & surpris & touché à la vue du courage généreux & du zele désintéressé qui a porté des missionnaires à prêcher leur doctrine, au risque même d'éprouver les traitements les plus rigoureux. On tire de cet amour, pour le salut des hommes, des inductions favorables à la religion qu'ils ont annoncée. Mais, au fond, ce désintéressement n'est qu'apparent. Qui ne risque rien n'a rien : un missionnaire veut tenter fortune, à l'aide de sa doctrine; il sait que s'il a le bonheur de débiter sa denrée, il deviendra le maître absolu de ceux qui le prendront pour guide; il est sûr de devenir l'objet de leurs soins, de leurs respects, de leur vénération; il a tout lieu de croire qu'il ne manquera de rien. Tels sont les vrais motifs qui allument le zele & la charité de tant de prédicateurs & de missionnaires, que l'on voit courir le monde.

Mourir pour une opinion ne prouve pas plus la vérité ou la bonté de cette opinion, que mourir dans une bataille ne prouve le bon droit du prince aux intérêts duquel tant de gens ont la folie de s'immoler. Le courage d'un martyr enivré de l'idée du paradis, n'a rien de plus surnaturel que le courage d'un homme de guerre, enivré de l'idée de la gloire, ou retenu par la crainte du déshonneur. Quelle différence trouve-t-on entre un Iroquois, qui chante tandis qu'on le brûle à petit feu, & le martyr S. Laurent qui sur le gril insulte son tyran?

Les prédicateurs d'une doctrine nouvelle succombent, parce qu'ils ne sont pas les plus forts ; les apôtres font communément un métier périlleux, dont ils prévoient d'avance les conséquences : leur mort courageuse ne prouve pas plus la vérité de leurs principes, ni leur propre sincérité, que la mort violente d'un ambitieux ou d'un brigand ne prouve qu'ils ont eu raison de troubler la société, ou qu'ils se sont cru autorisés à le faire. Le métier de missionnaire fut toujours flatteur pour l'ambition, & commode pour subsister aux dépens du vulgaire ; ces avantages ont pu suffire pour faire oublier les dangers qui l'entourent.

§. 134.

Vous nous dites, ô théologiens ! que *ce qui est folie aux yeux des hommes, est sagesse devant un Dieu qui se plaît à confondre la sagesse des sages.* Mais ne prétendez-vous pas que la sagesse humaine est un présent du ciel ? En nous disant que cette sagesse déplaît à Dieu, n'est que folie à ses yeux, & qu'il veut la confondre, vous nous annoncez que votre Dieu n'est l'ami que des gens sans lumieres, & qu'il fait aux gens sensés un funeste présent, dont ce tyran perfide se promet de les punir cruellement un jour. N'est-il pas bien étrange que l'on puisse être l'ami de votre Dieu, qu'en se déclarant ennemi de la raison & du bon sens ?

§. 135.

La foi suivant les théologiens est *un consentement inévident.* D'où il suit que la religion exige que l'on croie fermement des choses non évidentes, & des propositions souvent très-peu probables ou très-contraires à la raiſon. Mais récuſer la raiſon pour juge de la foi, n'eſt-ce pas avouer que la raiſon ne peut s'accommoder de la foi ? Puiſque les miniſtres de la religion ont pris le parti de bannir la raiſon, il faut qu'ils aient ſenti l'impoſſibilité de concilier cette raiſon avec la foi, qui n'eſt viſiblement qu'une ſoumiſſion aveugle à ſes prêtres, dont l'autorité dans bien des têtes paroît d'un plus grand poids, que l'évidence même, & préférable au témoignage des ſens.

« Immolez votre raiſon ; renoncez à l'expé-
» rience ; défiez-vous du témoignage de vos ſens ;
» ſoumettez-vous ſans examen à ce que nous vous
» annonçons au nom du ciel. » Tel eſt le langage uniforme de tous les prêtres du monde ; ils ne ſont d'accord ſur aucun point, ſinon ſur la néceſſité de ne jamais raiſonner, quand il s'agit des principes qu'ils nous préſentent comme les plus importants à notre félicité.

Je n'immolerai point ma raiſon, parce que cette raiſon ſeule peut me faire diſtinguer le bien du mal, le vrai du faux. Si, comme vous le prétendez, ma raiſon vient de Dieu, je ne croirai jamais qu'un Dieu, que vous dites ſi bon, ne m'ait donné la raiſon, que pour me tendre un piege, afin de me conduire à la perdition. Prêtres ! en décriant la raiſon, ne voyez-vous pas que vous calomniez votre Dieu, dont vous nous aſſurez que cette raiſon eſt un don ?

Je ne renoncerai point à l'expérience, parce qu'elle eſt un guide bien plus ſûr que l'imagination ou que l'autorité des guides qu'on voudroit me donner. Cette expérience m'apprend que l'enthouſiaſme & l'intérêt peuvent les aveugler & les égarer eux-mêmes, & que l'autorité de l'expérience doit être d'un tout autre poids sur mon esprit, que le témoignage suspect de beaucoup d'hommes que je connois ou très-capables de se tromper, ou très-intéressés à tromper les autres.

Je me défierai de mes sens, parce que je n'ignore pas qu'ils peuvent quelquefois m'induire en erreur ; mais d'un autre côté je sais qu'ils ne me tromperont pas toujours. Je sais très-bien que l'œil me montre le soleil beaucoup plus petit qu'il n'est réellement ; mais l'expérience, qui n'est que l'application réitérée des sens, m'apprend que les objets paroissent constamment diminuer en raison de leur distance ; c'est ainsi que je parviens à m'assurer que le soleil est bien plus grand que le globe de la terre ; c'est ainsi que mes sens suffisent pour rectifier les jugements précipités, que mes sens m'avoient fait porter.

En m'avertissant de me défier du témoignage de mes sens, l'on anéantit pour moi les preuves de toute religion. Si les hommes peuvent être les dupes de leur imagination, & si leurs sens sont trompeurs, comment veut-on que je croie aux miracles qui ont frappé les sens trompeurs de nos ancêtres ? Si mes sens sont des guides infideles, l'on m'apprend que je ne devrois pas ajouter foi, même aux miracles que je verrois s'opérer sous mes yeux.

§. 136.

Vous me répétez sans cesse que *les vérités de la religion sont au dessus de la raison*. Mais ne convenez-vous pas, dès-lors, que ces vérités ne sont point faites pour des êtres raisonnables ? Prétendre que la raison peut nous tromper, c'est nous dire que la vérité peut être fausse ; que l'utile peut nous être nuisible. La raison est-elle autre chose que la connoissance de l'utile & du vrai ? D'ailleurs, comme nous n'avons pour nous conduire en cette vie, que notre raison plus ou moins exercée, que notre raison telle qu'elle est, & nos sens tels qu'ils sont, dire que la raison est un guide infidele & que nos sens sont trompeurs, c'est nous dire que nos erreurs sont nécessaires, que notre ignorance est invincible, & que sans une injustice extrême Dieu ne peut nous punir d'avoir suivi les seuls guides qu'il ait voulu nous donner.

Prétendre que nous sommes obligés de croire des choses qui sont au dessus de notre raison, c'est une assertion aussi ridicule, que de dire que Dieu exige que sans ailes nous nous élevions dans les airs. Assurer qu'il est des objets sur lesquels il n'est pas permis de consulter sa raison, c'est nous dire que dans l'affaire, la plus intéressante pour nous, il ne faut consulter que l'imagination, ou qu'il est à propos de n'agir qu'au hasard.

Nos docteurs nous disent que nous devons sacrifier notre raison à Dieu : mais quels motifs pouvons-nous avoir de sacrifier notre raison à un être qui ne nous fait que des présents inutiles, dont il ne prétend pas que nous fassions usage ? Quelle confiance pouvons-nous prendre dans un Dieu qui, suivant nos docteurs eux-mêmes, est assez malin pour endurcir les cœurs, pour frapper d'aveuglement, pour nous tendre des pieges, pour nous *induire en tentation* ? Enfin quelle confiance pouvons-nous prendre dans les ministres de ce Dieu, qui, pour nous guider plus commodément, nous ordonnent de tenir les yeux fermés ?

§. 137.

§. 137.

Les hommes se persuadent que la religion est la chose du monde la plus sérieuse pour eux, tandis que c'est la chose qu'ils se permettent le moins d'examiner par eux-mêmes. S'agit-il de l'acquisition d'une charge, d'une terre ou d'une maison, d'un placement d'argent, d'une transaction ou d'un contrat quelconque ; vous voyez chacun examiner tout avec soin, prendre les précautions les plus grandes, peser tous les mots d'un écrit, se mettre en garde contre toute surprise. Il n'en est pas de même pour la religion ; chacun la prend au hasard & la croit sur parole, sans se donner la peine de rien examiner.

Deux causes semblent concourir pour entretenir dans les hommes la négligence & l'incurie qu'ils montrent, lorsqu'il s'agit d'examiner leurs opinions religieuses. La premiere, c'est le désespoir de percer l'obscurité nécessaire, dont toute religion est entourée, même dans ses premiers principes : elle n'est propre qu'à rebuter des esprits paresseux qui, n'y voyant qu'un chaos, la jugent impossible à démêler. La seconde, c'est que chacun se promet bien de ne point se laisser trop gêner par les préceptes séveres, que tout le monde admire dans la théorie, & que très-peu de personnes s'embarrassent de pratiquer à la rigueur. Bien des gens ont leur religion comme de vieux titres de famille, que jamais ils ne se sont donné la peine d'éplucher, mais qu'ils mettent dans leurs archives pour y recourir au besoin.

§. 138.

Les disciples de Pythagore ajoutoient une foi implicite à la doctrine de leur maître : *il l'a dit*, étoit pour eux la solution de tous les problêmes. Les hommes pour la plupart se conduisent avec aussi peu de raison. En matiere de religion, un curé, un prêtre, un moine ignorant deviennent les maîtres des pensées. La foi soulage la foiblesse, l'esprit humain, pour qui l'application est communément un travail très-pénible : il est bien plus commode de s'en rapporter à d'autres, que d'examiner soi-même : l'examen étant lent & difficile, déplaît également aux ignorants stupides & aux esprits trop ardents. Voilà, sans doute, pourquoi la foi trouve tant de partisans sur la terre.

Moins les hommes ont de lumieres & de raison, plus ils montrent de zele pour leur religion. Dans toutes les factions religieuses, les femmes, ameutées par leurs directeurs, montrent un très-grand zele pour des opinions, dont il est évident qu'elles n'ont aucune idée. Dans les querelles théologiques, le peuple s'élance en bête féroce sur tous ceux contre lesquelles son prêtre veut l'agacer. Une ignorance profonde, une crédulité sans bornes, une tête très-foible, une imagination emportée, voilà les matériaux avec lesquels se font les dévots, les zélés, les fanatiques & les saints. Comment faire entendre raison à des gens qui n'ont d'autre principe, que de se laisser guider & de ne jamais examiner ? Les dévots & le peuple sont entre les mains de leurs guides, des automates qu'ils remuent à fantaisie.

§. 139.

La religion est une affaire d'usage & de mode; il faut faire comme les autres. Mais parmi tant de religions que nous voyons dans le monde, laquelle doit-on choisir? Cet examen seroit trop pénible & trop long; il faut donc s'en tenir à la religion de ses peres, à celle de son pays, à celle du prince, qui, ayant la force en main, doit être la meilleure. Le hasard seul décide de la religion & d'un homme & d'un peuple: les François seroient aujourd'hui aussi bons musulmans qu'ils sont chrétiens, si leurs ancêtres autrefois n'avoient repoussé les efforts des Sarrasins.

Si l'on juge des intentions de la providence par les événements & les révolutions de ce monde, on est forcé de croire qu'elle est assez indifférente sur les religions diverses que nous trouvons sur la terre. Pendant des milliers d'années le paganisme, le polythéisme, l'idolâtrie ont été les religions du monde; on assure aujourd'hui que durant cette période les peuples les plus florissants n'ont pas eu la moindre idée de la divinité, idée que l'on dit pourtant si nécessaire à tous les hommes. Les chrétiens prétendent qu'à l'exception du peuple Juif, c'est-à-dire, d'une poignée de malheureux, le genre humain entier vivoit dans l'ignorance la plus crasse de ses devoirs envers Dieu, & n'avoit que des notions injurieuses à la majesté divine. Le christianisme, sorti du judaïsme, très-humble dans son origine obscure, devint puissant & cruel sous les empereurs chrétiens, qui, poussés d'un saint zele, le répandirent merveilleusement dans leur empire par le fer & par le feu, &

l'éleverent fur les ruines du paganifme renverfé. Mahomet & fes fucceffeurs, fecondés par la providence ou par leurs armes victorieufes, parvinrent en peu de temps à faire difparoître la religion chrétienne d'une partie de l'Afie, de l'Afrique & de l'Europe même ; l'*évangile* fut forcé pour lors de céder à l'*alcoran*.

Dans toutes les factions ou fectes, qui pendant un grand nombre de fiecles ont déchiré les chrétiens, *la raifon du plus fort fut toujours la meilleure* ; les armes & la volonté des princes déciderent feules de la doctrine la plus utile au falut des nations. Ne pourroit-on pas en conclure, ou que la divinité prend très-peu d'intérêt à la religion des hommes, ou qu'elle fe déclare toujours en faveur des opinions qui conviennent le mieux aux puiffances de la terre ; enfin qu'elle change de fyftêmes, dès que ceux-ci ont la fantaifie d'en changer ?

Un roi de Macaffar, ennuyé de l'idolâtrie de fes peres, prit un jour fantaifie de la quitter. Le confeil du monarque délibéra long-temps pour favoir fi l'on appelleroit des docteurs chrétiens ou mahométans. Dans l'impoffibilité de démêler la meilleure des deux religions, il fut réfolu de mander en même temps des miffionnaires de l'une & de l'autre, & d'embraffer la doctrine de ceux qui auroient l'avantage d'arriver les premiers : on ne douta point que Dieu, qui difpofe des vents, n'expliquât ainfi fes volontés lui-même : les miffionnaires de Mahomet ayant été les plus diligents, le roi avec fon peuple fe foumit à la loi qu'il s'étoit impofée ; les miffionnaires du Chrift furent éconduits, par la faute de leur Dieu qui ne leur permit point d'arriver d'assez bonne heure (8). Dieu consent évidemment que le hasard décide de la religion des peuples.

Toujours ceux qui gouvernent décident infailliblement de la religion des peuples. La vraie religion n'est jamais que la religion du prince ; le vrai Dieu, c'est le Dieu que le prince veut qu'on adore ; la volonté des prêtres qui gouvernent le prince, devient toujours la volonté de Dieu. Un plaisant a dit, avec raison, que *la religion véritable n'est jamais que celle qui a pour elle le prince & le bourreau.* Les empereurs & les bourreaux ont long-temps soutenu les dieux de Rome contre le Dieu des chrétiens ; celui-ci ayant mis dans son parti les empereurs, leurs soldats & leurs bourreaux, est parvenu à faire disparoître le culte des dieux Romains. Le Dieu de Mahomet est parvenu à chasser le Dieu des chrétiens d'une grande partie des états qu'il occupoit autrefois.

Dans la partie orientale de l'Asie, il est une vaste contrée, très-florissante, très-abondante, très-peuplée, & gouvernée par des loix si sages, que les conquérants les plus farouches les ont adoptées avec respect. C'est la Chine. A l'exception du christianisme, qui en fut banni comme dangereux, les peuples y suivent les superstitions qui leur plaisent, tandis que les *mandarins,* ou magistrats, détrompés depuis long-temps de la religion populaire, ne s'en occupent que pour veiller à ce que les *bonzes* ou prêtres ne se servent pas de cette religion pour troubler le repos

---

(8) *Voyez la description historique du royaume de Macassar, Paris,* 1688.

de l'état. Cependant on ne voit pas que la providence refuse ses bienfaits à une nation dont les chefs prennent si peu d'intérêt au culte qu'on lui rend : les Chinois jouissent au contraire d'un bien-être & d'un repos dignes d'être enviés par tant de peuples que la religion divise, ravage & met souvent en feu.

On ne peut raisonnablement se proposer d'ôter au peuple ses folies ; mais on peut se proposer de guérir de leurs folies ceux qui gouvernent le peuple : ceux-ci empêcheront alors que les folies du peuple ne deviennent dangereuses. La superstition n'est à craindre que lorsqu'elle a pour elle les princes & les soldats ; c'est alors qu'elle devient cruelle & sanguinaire. Tout souverain qui se fait le protecteur d'une secte ou d'une faction religieuse, se fait communément le tyran des autres sectes, & devient lui-même le perturbateur le plus cruel du repos de ses états.

§. 140.

On nous répete sans cesse, & beaucoup de personnes sensées finissent par le croire, que la religion est nécessaire pour contenir les hommes ; que sans elle il n'existeroit plus de frein pour les peuples ; que la morale & la vertu lui sont intimement liées. « La crainte du Seigneur est, nous » crie-t-on, le commencement de la sagesse. Les » terreurs d'une autre vie sont des terreurs *sa-* » *lutaires*, & propres à contenir les passions des » hommes. »

Pour désabuser de l'utilité des notions religieuses, il suffit d'ouvrir les yeux & de considérer quelles sont les mœurs des nations les plus soumises à la religion. On y voit des tyrans orgueilleux, des ministres oppresseurs, des courtisans perfides, des concussionnaires sans nombre, des magistrats peu scrupuleux, des fourbes, des adulteres, des libertins, des prostituées, des voleurs & des frippons de toute espece, qui n'ont jamais douté, ni de l'existence d'un Dieu vengeur & rémunérateur, ni des supplices de l'enfer, ni des joies du paradis.

Quoique très-inutilement pour le plus grand nombre des hommes, les ministres de la religion se sont étudiés à rendre la mort terrible aux yeux de leurs sectateurs. Si les chrétiens les plus dévots pouvoient être conséquents, ils passeroient toute leur vie dans les pleurs, & mourroient ensuite dans les plus terribles alarmes : quoi de plus effrayant que la mort pour des infortunés à qui l'on répete à tout moment, *qu'il est horrible de tomber entre les mains du Dieu vivant; que l'on doit opérer son salut avec crainte & tremblement?* cependant on nous assure que la mort du chrétien a des consolations infinies, dont l'incrédule est privé. Le bon chrétien, nous dit-on, meurt dans la ferme espérance d'un bonheur éternel qu'il a tâché de mériter. Mais cette ferme assurance n'est-elle pas elle-même une présomption punissable aux yeux d'un Dieu sévere ? Les plus grands saints ne doivent-ils pas ignorer s'ils sont *dignes d'amour ou de haine ?* Prêtres! qui nous consolez par l'espoir des joies du paradis, & qui pour lors fermez les yeux sur les tourments de l'enfer, avez-vous donc eu l'avantage de voir vos noms & les nôtres inscrits *au livre de vie ?*

§. 141.

Opposer aux passions & aux intérêts présents des hommes, les notions obscures d'un Dieu métaphysique que personne ne conçoit, les châtiments incroyables d'une autre vie, les plaisirs du ciel, dont on n'a point d'idées, n'est-ce pas combattre des réalités par des chimeres ? Les hommes n'ont jamais de leur Dieu que des idées confuses, ils ne le voient, pour ainsi dire, que dans les nuées ; ils ne pensent jamais à lui, quand ils ont le desir de mal-faire : toutes les fois que l'ambition, la fortune ou le plaisir les sollicitent ou les entraînent, & le Dieu, & ses menaces, & ses promesses ne retiennent personne. Les choses de cette vie ont pour l'homme, un degré de certitude que la foi la plus vive ne peut jamais donner aux choses de l'autre vie.

Toute religion dans son origine fut un frein imaginé par des législateurs, qui voulurent soumettre les esprits des peuples grossiers. Semblables aux nourrices, qui font peur aux enfants pour les obliger à se tenir en repos, des ambitieux se servirent du nom des dieux pour faire peur à des sauvages ; la terreur leur parut propre à les forcer de supporter tranquillement le joug qu'ils vouloient leur imposer. Les loups-garoux de l'enfance sont-ils donc faits pour l'âge mûr ? L'homme dans sa maturité n'y croit plus, ou s'il y croit encore, il ne s'en émeut guere & va toujours son train.

§. 142.

Il n'est guere d'homme qui ne craigne bien plus ce qu'il voit que ce qu'il ne voit pas, les jugements des hommes dont il éprouve les effets, que les jugements d'un Dieu dont il n'a que des idées flottantes. Le desir de plaire au monde, le torrent de l'usage, la crainte d'un ridicule & du *qu'en dira-t-on*, ont bien plus de force que toutes les opinions religieuses. Un homme de guerre, dans la crainte d'un déshonneur, ne va-t-il pas tous les jours hasarder sa vie dans les combats, au risque même d'encourir la damnation éternelle ?

Les personnes les plus religieuses montrent souvent plus de respect pour un valet que pour Dieu. Tel homme qui croit très-fermement que Dieu voit tout, sait tout, est présent par-tout, se permettra, quand il est seul, des actions que jamais il ne feroit en la présence du dernier des mortels. Ceux mêmes qui se disent le plus fortement convaincus de l'existence d'un Dieu, ne laissent pas d'agir à chaque instant, comme s'ils n'en croyoient rien.

§. 143.

« Laissez au moins, nous dira-t-on, subsis-
» ter l'idée d'un Dieu, qui seule peut servir de
» frein aux passions des rois. » Mais, en bonne foi, pouvons-nous admirer les effets merveilleux que la crainte de ce Dieu produit pour l'ordinaire sur l'esprit des princes qui se disent ses images ? Quelle idée se faire de l'original, si l'on en juge par ses copies ?

Les souverains, il est vrai, se disent les représentants de Dieu, ses lieutenants sur la terre. Mais la crainte d'un maître plus puissant qu'eux, les engage-t-elle à s'occuper sérieusement du bien-être des peuples que la providence a confiés à leurs foins ? La terreur prétendue que devroit leur inspirer l'idée d'un juge invisible, à qui seul ils se prétendent comptables de leurs actions, les rend-elle plus équitables, plus humains, moins avares du sang & des biens de leurs sujets, plus modérés dans leurs plaisirs, plus attentifs à leurs devoirs ? Enfin ce Dieu, par lequel on assure que les rois regnent, les empêche-t-il de vexer de mille manieres les peuples dont ils devroient être les conducteurs, les protecteurs & les peres ? Que l'on ouvre les yeux ; que l'on promene ses regards sur toute la terre, & l'on verra presque par-tout les hommes gouvernés par des tyrans, qui ne se servent de la religion que pour abrutir davantage les esclaves qu'ils accablent sous le poids de leurs vices, ou qu'ils sacrifient sans pitié à leurs fatales extravagances.

Loin de servir de frein aux passions des rois, la religion par ces principes mêmes leur met évidemment la bride sur le cou. Elle les transforme en des divinités, aux caprices desquelles il n'est jamais permis aux nations de résister. En même temps qu'elle déchaîne les princes & brise pour eux les liens du pacte social, elle s'efforce d'enchaîner les esprits & les mains des sujets qu'ils oppriment. Est-il donc surprenant que les dieux de la terre se croient tout permis, & ne regardent leurs sujets que comme les vils instruments de leurs caprices ou de leur ambition ?

La religion a fait en tout pays, du monarque de la nature, un tyran cruel, fantasque, partial, dont le caprice fait la regle : le Dieu monarque n'est que trop bien imité par ses représentants sur la terre. Par-tout la religion ne semble imaginée que pour endormir les peuples dans les fers, afin de fournir à leurs maîtres la facilité de les dévorer, ou de les rendre impunément malheureux.

§. 144.

Pour se garantir des entreprises d'un pontife hautain qui vouloit régner sur les rois, pour mettre leur personne à couvert des attentats des peuples crédules, excités par les prêtres, plusieurs princes de l'Europe prétendirent ne tenir leurs couronnes & leurs droits que de Dieu seul, & ne devoir compte qu'à lui de leurs actions. La puissance civile, ayant à la longue eu l'avantage dans ses combats avec la puissance spirituelle, les prêtres, forcés de céder, reconnurent les droits divins des rois, les prêcherent aux peuples, en se réservant la faculté de changer d'avis & de prêcher la révolte, toutes les fois que les droits divins des rois ne s'accorderoient pas avec les droits divins du clergé. Ce fut toujours aux dépens des nations que la paix fut conclue entre les rois & les prêtres, mais ceux-ci conserverent leurs prétentions nonobstant tous les traités.

Tant de tyrans & de mauvais princes, à qui leur conscience reproche sans cesse leur négligence ou leur perversité, loin de craindre leur Dieu, aiment bien mieux avoir affaire à ce juge invisible qui jamais ne s'oppose à rien, ou à ses prêtres, toujours faciles pour les maîtres de la terre, qu'à leurs propres sujets : les peuples, réduits au désespoir, pourroient bien *appeller comme d'abus* des droits divins de leurs chefs. Les hommes, quand ils sont excédés, prennent quelquefois de l'humeur, & les droits divins du tyran sont alors forcés de céder aux droits naturels des sujets.

On a meilleur marché des dieux que des hommes. Les rois ne doivent compte de leurs actions qu'à Dieu seul ; les prêtres n'en doivent compte qu'à eux-mêmes : il y a tout lieu de croire que les uns & les autres se tiennent plus assurés de l'indulgence du ciel que de celle de la terre. Il est bien plus aisé d'échapper aux jugements des dieux, que l'on peut appaiser à peu de fraix, qu'au jugement des hommes dont la patience est épuisée.

« Si vous ôtez aux souverains la crainte d'une » puissance invisible, quel frein opposerez-vous » à leurs égarements ? » Qu'ils apprennent à régner ; qu'ils apprennent à être justes, à respecter les droits des peuples, à reconnoître les bienfaits des nations desquelles ils tiennent leur grandeur & leur pouvoir : qu'ils apprennent à craindre les hommes, à se soumettre aux loix de l'équité ; que personne ne puisse les franchir sans péril ; que ces loix contiennent également & le puissant & le foible, & les grands & les petits, & le souverain & les sujets.

La crainte des dieux, la religion, les terreurs d'une autre vie, voilà les digues métaphysiques & surnaturelles que l'on oppose aux passions fougueuses des princes. Ces digues sont-elles suffisantes ? C'est à l'expérience à résoudre la question. Opposer la religion à la méchanceté des tyrans, c'est vouloir que des spéculations vagues, incertaines, inintelligibles soient plus puissantes que des penchants que tout conspire à fortifier de jour en jour en eux.

§. 145.

On nous vante sans cesse les avantages immenses que la religion procure à la politique ; mais pour peu qu'on réfléchisse, on reconnoîtra sans peine que les opinions religieuses aveuglent également & les souverains & les peuples, & ne les éclairent jamais ni sur leurs vrais devoirs, ni sur leurs vrais intérêts. La religion ne forme que trop souvent des despotes licencieux & sans mœurs, obéis par des esclaves, que tout oblige de se conformer à leurs vues.

Faute d'avoir médité ou connu les vrais principes de l'administration, le but & les droits de la vie sociale, les intérêts réels des hommes, les devoirs qui les lient, les princes sont presqu'en tout pays devenus licencieux, absolus & pervers, & leurs sujets abjects, malheureux & méchants. Ce fut pour s'épargner le soin d'étudier ces objets importants, que l'on se crut obligé de recourir à des chimeres qui, jusqu'ici, bien loin de remédier à rien, n'ont fait que multiplier les maux du genre humain, & le détourner des choses les plus intéressantes pour lui.

La façon injuste & cruelle dont tant de nations sont gouvernées ici-bas, ne fournit-elle pas visiblement une des preuves les plus fortes, non-seulement du peu d'effet que produit la crainte d'une autre vie, mais encore de la non-existence d'une providence qui s'intéresse au sort de la race humaine ? S'il existoit un Dieu bon, ne seroit-on pas forcé de convenir qu'il néglige étrangement en cette vie, le plus grand nombre des hommes ? Il sembleroit que ce Dieu n'a créé les nations que pour être les jouets des paſſions & des folies de ſes repréſentants ſur la terre.

Pour peu qu'on liſe l'hiſtoire avec quelque attention, on verra que le chriſtianiſme, rampant d'abord, ne s'eſt inſinué chez les nations ſauvages & libres de l'Europe, qu'en faiſant entrevoir à leurs chefs que ſes principes religieux favoriſoient le deſpotiſme, & mettoient un pouvoir abſolu dans leurs mains. Nous voyons en conſéquence des princes barbares ſe convertir avec une promptitude miraculeuſe ; c'eſt-à-dire, adopter ſans examen un ſyſtême ſi favorable à leur ambition, & mettre tout en uſage pour le faire embraſſer à leurs ſujets. Si les miniſtres de cette religion ont ſouvent dérogé depuis à leurs principes ſerviles, c'eſt que la théorie n'influe ſur la conduite des miniſtres du ſeigneur, que lorſqu'elle s'accommode avec leurs intérêts temporels.

Le chriſtianiſme ſe vante d'avoir apporté aux hommes un bonheur inconnu des ſiecles précédents. Il eſt vrai que les Grecs n'ont point connu les *droits divins* des tyrans ou des uſurpateurs des droits de la patrie. Sous le paganiſme, il n'étoit jamais entré dans la tête de perſonne que le ciel ne vouloit pas qu'une nation ſe défendît contre une bête féroce qui la ravageoit inſolemment. La religion des chrétiens imagina de mettre les tyrans en ſûreté, & poſa pour principe que les peuples devoient renoncer à la défenſe légitime d'eux-mêmes. Ainſi les nations chrétiennes ſont privées de la premiere loi de la nature, qui veut que l'homme réſiſte au mal, & déſarme quiconque s'apprête à le détruire. Si les miniſtres de l'église ont souvent permis aux peuples de se révolter pour la cause du ciel, jamais ils ne leur permirent de se révolter pour des maux très-réels ou des violences connues.

C'est du ciel que sont venus les fers, dont on se servit pour enchaîner les esprits des mortels. Pourquoi le Mahométan est-il par-tout esclave? C'est que son prophete le subjugua au nom de la divinité, comme avant lui Moïse avoit dompté les Juifs. Dans toutes les parties de la terre, nous voyons que les premiers législateurs furent les premiers souverains & les premiers prêtres des sauvages auxquels ils donnerent des loix.

La religion ne semble imaginée que pour exalter les princes au dessus de leurs nations, & leur livrer les peuples à discrétion. Dès que ceux-ci se trouvent bien malheureux ici-bas, on les fait taire en les menaçant de la colere de Dieu: on fixe leurs yeux sur le ciel, afin de les empêcher d'appercevoir les vraies causes de leurs maux, & d'y appliquer les remedes que la nature leur présente.

§. 147.

A force de répéter aux hommes que la terre n'est point leur vraie patrie, que la vie présente n'est qu'un passage, qu'ils ne sont pas faits pour être heureux en ce monde, que leurs souverains ne tiennent leur autorité que de Dieu seul, & ne doivent compte qu'à lui seul de l'abus qu'ils en font, qu'il n'est jamais permis de leur résister, &c. l'on est parvenu à éterniser l'inconduite des rois & les malheurs des peuples; les intérêts des nations ont été lâchement sacrifiés à leurs chefs. Plus on considere les dogmes & les principes religieux, plus on sera convaincu qu'ils ont pour but unique l'avantage des tyrans & des prêtres, sans jamais avoir égard à celui des sociétés.

Pour masquer l'impuissance de ses dieux sourds, la religion est parvenue à faire croire aux mortels que ce sont toujours les iniquités qui allument le courroux des cieux. Les peuples ne s'en prennent qu'à eux-mêmes des infortunes & des revers qu'ils éprouvent à tout moment. Si la nature en désordre fait quelquefois sentir ses coups aux nations, leurs mauvais gouvernements ne sont que trop souvent les causes immédiates & permanentes, d'où partent les calamités continuelles qu'elles sont forcées d'essuyer. N'est-ce pas à l'ambition des rois & des grands, à leur négligence, à leurs vices, à leurs oppressions que sont dus pour l'ordinaire les stérilités, la mendicité, les guerres, les contagions, les mauvaises mœurs & tous les fléaux multipliés qui désolent la terre?

En fixant continuellement les yeux des hommes sur les cieux; en leur faisant croire que tous leurs maux sont dus à la colere divine; en ne leur fournissant que des moyens inefficaces & futiles pour faire cesser leurs peines, on diroit que les prêtres n'ont eu pour objet que d'empêcher les nations de songer aux vraies sources de leurs miseres, & se sont proposé de les rendre éternelles. Les ministres de la religion se conduisent à peu près comme ces meres indigentes qui, faute de pain endorment leurs enfants affamés par des chansons, ou qui leur présentent des jouets pour leur faire oublier le besoin qui les tourmente.

Aveuglés dès l'enfance par l'erreur, retenus par les liens invisibles de l'opinion, écrasés par des terreurs paniques, engourdis au sein de l'ignorance,

rance, comment les peuples connoîtroient-ils les vraies causes de leurs peines ? Ils croient y remédier en invoquant les dieux. Hélas ! ne voient-ils pas que c'est au nom de ces dieux qu'on leur ordonne de présenter la gorge au glaive de leurs tyrans impitoyables dans lesquels ils trouveroient la cause très-visible des maux dont ils gémissent, & pour lesquels ils ne cessent d'implorer inutilement l'assistance du ciel ?

Peuples crédules ! dans vos infortunes, redoublez vos prieres, vos offrandes, vos sacrifices ; assiégez vos temples ; égorgez des victimes sans nombre ; jeûnez dans le sac & la cendre ; abreuvez-vous de vos propres larmes ; achevez sur-tout de vous épuiser pour enrichir vos dieux ; vous ne ferez qu'enrichir leurs prêtres ; les dieux du ciel ne vous seront propices que quand les dieux de la terre reconnoîtront qu'ils sont des hommes comme vous, & donneront à votre bien-être les soins qui vous sont dus.

§. 148.

Des princes négligents, ambitieux & pervers, sont les causes réelles des malheurs publics : des guerres inutiles, injustes, réitérées, dépeuplent la terre. Des gouvernements avides & despotiques anéantissent pour les hommes les bienfaits de la nature. La rapacité des cours décourage l'agriculture, éteint l'industrie, fait naître la disette, la contagion, la misere. Le ciel n'est ni cruel ni favorable aux vœux des peuples ; ce sont leurs chefs orgueilleux qui ont presque toujours un cœur d'airain.

C'est une opinion destructive pour la saine politique & pour les mœurs des princes, que de leur perfuader que Dieu feul eft à craindre pour eux, quand ils nuifent à leurs fujets, ou quand ils négligent de les rendre heureux. Souverains! ce ne font point les dieux, mais vos peuples, que vous offenfez, quand vous faites le mal. C'eft à ces peuples, & par contre-coup à vous-mêmes que vous faites du mal, quand vous gouvernez injuftement.

Rien de plus commun dans l'hiftoire que de voir des tyrans religieux; rien de plus rare que d'y trouver des princes équitables, vigilants, éclairés. Un monarque peut être pieux, exact à remplir fervilement les devoirs de fa religion, très-foumis à fes prêtres, libéral à leur égard, & fe trouver en même temps dépourvu de toutes les vertus & de tous les talents néceffaires pour gouverner. La religion, pour les princes, n'eft qu'un inftrument deftiné à tenir les peuples plus fortement fous le joug.

D'après les beaux principes de la morale religieufe, un tyran qui, pendant un long regne, n'aura fait qu'opprimer fes fujets, leur arracher les fruits de leurs travaux, les immoler fans pitié à fon ambition infatiable; un conquérant qui aura ufurpé les provinces des autres, qui aura fait égorger des nations entieres, qui aura été toute fa vie un vrai fléau du genre humain, s'imagine que fa confcience peut fe tranquillifer, quand, pour expier tant de forfaits, il aura pleuré aux pieds d'un prêtre qui aura communément la lâche complaifance de confoler & de raffurer un brigand, que le plus affreux défefpoir puniroit trop foiblement du mal qu'il a fait à la terre.

§. 149.

Un souverain, sincérement dévot, est communément un chef très-dangereux pour un état : la crédulité suppose toujours un esprit retréci : la dévotion absorbe pour l'ordinaire l'attention que le prince devroit donner au gouvernement de son peuple. Docile aux suggestions de ses prêtres, il devient à tout moment le jouet de leurs caprices, le fauteur de leurs querelles, l'instrument & le complice de leurs folies auxquelles il attache la plus grande valeur. Parmi les plus funestes présens que la religion ait faits au monde, on doit sur-tout compter ces monarques dévots & zélés qui, dans l'idée de travailler au salut de leurs sujets, se sont fait un saint devoir de tourmenter, de persécuter, de détruire ceux que leur conscience faisoit penser autrement qu'eux. Un dévot, à la tête d'un empire, est un des plus grands fléaux que le ciel, dans sa fureur, puisse donner à la terre. Un seul prêtre fanatique ou frippon, qui a l'oreille d'un prince crédule & puissant, suffit pour mettre un état en désordre, & l'univers en combustion.

Dans presque tous les pays, des prêtres & des dévots sont chargés de former & l'esprit & le cœur des jeunes princes destinés à gouverner les nations. Quelles lumieres peuvent avoir des instituteurs de cette trempe ? De quels intérêts peuvent-ils être animés ? Remplis eux-mêmes de préjugés, ils montreront à leur eleve la superstition comme la chose la plus importante & la plus sacrée, ses devoirs chimériques comme les plus saints devoirs, l'intolérance & l'esprit persécuteur, comme les vrais fondemens de son autorité future ; ils tâcheront d'en faire un chef de parti, un fanatique turbulent, un tyran ; ils étoufferont de bonne heure la raison en lui ; ils le prémuniront contre elle ; ils empêcheront la vérité de pénétrer jusqu'à lui ; ils l'envenimeront contre les vrais talents, & le préviendront en faveur des talents méprisables ; enfin, ils en feront un dévot imbécille qui n'aura aucune idée ni du juste, ni de l'injuste ; ni de la vraie gloire, ni de la vraie grandeur, & qui sera dépourvu des lumieres & des vertus nécessaires au gouvernement d'un grand état. Voilà en abrégé le plan de l'éducation d'un enfant destiné à faire un jour le bonheur ou le malheur de plusieurs millions d'hommes.

§. 150.

Les prêtres se sont montrés en tout temps les fauteurs du despotisme & les ennemis de la liberté publique ; leur métier exige des esclaves avilis & soumis qui, jamais, n'aient l'audace de raisonner. Dans un gouvernement absolu, il ne s'agit que de s'emparer de l'esprit d'un prince foible & stupide pour se rendre maître des peuples. Au lieu de conduire les peuples au salut, les prêtres les ont toujours conduits à la servitude.

En faveur des titres surnaturels que la religion a forgés pour les plus mauvais princes, ceux-ci se sont communément ligués avec les prêtres qui, sûrs de régner par l'opinion sur le souverain lui-même, se sont chargés de lier les mains des peuples & de les tenir sous le joug. Mais c'est en vain que le tyran, couvert de l'égide de la religion, se flatte d'être à l'abri de tous les coups du sort ; l'opinion est un foible rempart contre le désespoir des peuples. D'ailleurs le prêtre n'est l'ami du tyran que tant qu'il trouve son compte à la tyrannie ; il prêche la sédition & démolit l'idole qu'il a faite, quand il ne la trouve plus assez conforme aux intérêts du ciel, qu'il fait parler quand il lui plaît, & qui ne parle jamais que suivant ses intérêts.

On nous dira sans doute que les souverains, connoissant tout l'avantage que la religion leur procure, se trouvent vraiment intéressés à la soutenir de toutes leurs forces. Si les opinions religieuses sont utiles aux tyrans, il est très-évident qu'elles sont inutiles à ceux qui gouvernent suivant les loix de la raison & de l'équité. Y a-t-il donc de l'avantage à exercer la tyrannie ? Les princes sont-ils donc véritablement intéressés à être des tyrans ? La tyrannie ne les prive-t-elle pas de la vraie puissance, de l'amour des peuples, de toute sûreté ? Tout prince raisonnable ne devroit-il pas s'appercevoir que le despote est un insensé qui ne fait que se nuire à lui-même ? Tout prince éclairé ne doit-il pas se défier des flatteurs, dont l'objet est de les endormir sur le bord du précipice qu'ils ouvrent sous ses pas ?

§. 151.

Si les flatteries sacerdotales réussissent à pervertir les princes & à les changer en tyrans ; les tyrans, de leur côté, corrompent nécessairement & les grands & les peuples. Sous un maître injuste, sans bonté, sans vertu, qui ne connoît d'autre loi que son caprice, il faut nécessairement qu'une nation se déprave. Ce maître voudra-t-il auprès de sa personne des hommes honnêtes, éclairés, vertueux ? Non, il ne lui faut que des flatteurs, des approbateurs, des imitateurs, des esclaves, des ames basses & serviles qui se prêtent à ses goûts ; sa cour propagera la contagion du vice dans les ordres inférieurs. De proche en proche tout se corrompra nécessairement dans un état dont le chef sera corrompu. On a dit, il y a long-temps, que *les princes semblent ordonner de faire tout ce qu'ils font eux-mêmes.*

La religion, loin d'être un frein pour les souverains, les a mis à portée de se livrer sans crainte & sans remords à des égarements aussi funestes pour eux-mêmes que pour les nations qu'ils gouvernent. Ce n'est jamais impunément que l'on trompe les hommes. Dites à un prince qu'il est un dieu ; bientôt il croira qu'il ne doit rien à personne. Pourvu qu'on le craigne, il se souciera peu d'être aimé ; il ne connoîtra ni regles, ni rapports avec ses sujets, ni devoirs à leur égard. Dites à ce prince qu'il *ne doit compte de ses actions qu'à Dieu seul*; & bientôt il agira comme s'il n'en devoit compte à personne.

§. 152.

Un souverain éclairé est celui qui connoît ses véritables intérêts : il sait qu'ils sont liés à ceux de sa nation : il sait qu'un prince ne peut être ni grand, ni puissant, ni chéri, ni considéré, tant qu'il ne commandera qu'à des esclaves misérables : il sait que l'équité, la bienfaisance, la vigilance lui donneront sur les hommes des droits bien plus réels, que des titres fabuleux qu'on fait descendre du ciel : il sentira que la religion n'est utile qu'aux prêtres ; qu'elle est inutile à la société ; que souvent elle la trouble ; qu'il faut la contenir pour l'empêcher de nuire : enfin il reconnoîtra que pour régner avec gloire, il faut faire de bonnes loix & montrer des vertus, & non pas fonder sa puissance sur des impostures & des chimeres.

§. 153.

Les ministres de la religion ont eu grand soin de faire de leur Dieu un tyran redoutable, capricieux & changeant: il falloit qu'il fût ainsi, pour qu'il se prêtât à leurs intérêts sujets à varier. Un Dieu qui seroit juste & bon, sans mélange de caprice & de perversité; un Dieu qui auroit constamment les qualités d'un honnête homme ou d'un souverain débonnaire, ne conviendroit aucunement à ses ministres. Il est utile aux prêtres que l'on tremble devant leur Dieu, afin que l'on recoure à eux pour obtenir les moyens de se rassurer de ses craintes.

Nul homme n'est un héros pour son valet de chambre. Il n'est pas surprenant qu'un Dieu habillé par ses prêtres, de maniere à faire grande peur aux autres, leur en impose rarement à eux-mêmes, ou n'influe que très-peu sur leur propre conduite. Conséquemment nous les voyons en tout pays se comporter d'une façon très-uniforme: sous prétexte de la gloire de leur Dieu, par-tout ils dévorent les nations, ils avilissent les ames, ils découragent l'industrie, ils sement la discorde. L'ambition & l'avarice furent de tout temps les passions dominantes du sacerdoce: par-tout le prêtre s'éleve au dessus des souverains & des loix: par-tout on ne le voit occupé que des intérêts de son orgueil, de sa cupidité, de son humeur despotique & vindicative: par-tout il substitue des expiations, des sacrifices, des cérémonies & des pratiques mystérieuses, en un mot, des inventions lucratives pour lui-même, à des vertus utiles & sociales.

L'esprit est confondu & la raison est interdite à la vue des pratiques ridicules & des moyens pitoyables que les ministres des dieux ont inventés en tout pays pour purifier les ames & rendre le ciel favorable aux nations. Ici l'on retranche une portion du prépuce d'un enfant pour lui mériter la bienveillance divine : là on verse de l'eau sur sa tête pour le laver des crimes qu'il n'a point encore pu commettre : ailleurs on lui dit de se plonger dans une riviere dont les eaux ont le pouvoir d'emporter toutes les souillures : ailleurs on lui interdit de certains aliments dont l'usage ne manqueroit pas d'exciter le courroux céleste : dans d'autres contrées on ordonne à l'homme pécheur de venir périodiquement faire l'aveu de ses fautes à un prêtre qui souvent est un plus grand pécheur que lui, &c. &c. &c.

§. 154.

QUE dirions-nous d'une troupe d'empiriques qui, se rendant chaque jour sur une place publique, viendroient nous exalter la bonté de leurs remedes, les donneroient comme infaillibles, tandis que nous les trouverions remplis des mêmes infirmités qu'ils prétendent guérir ? Aurions-nous beaucoup de confiance aux recettes de ces charlatans qui nous crieroient à tue-tête : *prenez de nos remedes, leurs effets sont immanquables, ils guérissent tout le monde, excepté nous.* Que penserions-nous ensuite en voyant ces mêmes charlatans passer leur vie à se plaindre de ce que leurs remedes ne produisent jamais rien sur les malades qui les prennent ? Enfin, quelle idée nous formerions-nous de la sottise du vulgaire, qui, malgré ces aveux, ne cesseroit de payer très-chèrement des remedes dont tout lui prouveroit l'inefficacité ? Les prêtres ressemblent à ces alchymistes qui disent hardiment qu'ils ont le secret de faire de l'or, tandis qu'ils ont à peine un habit pour couvrir leur nudité.

Les ministres de la religion déclament sans cesse contre la corruption du siecle, & se plaignent hautement du peu de fruit de leurs leçons, en même temps qu'ils nous assurent que la religion est le *remede universel*, la véritable *panacée* contre les maux du genre humain. Ces prêtres sont très-malades eux-mêmes ; cependant les hommes continuent de fréquenter leurs boutiques & d'avoir foi à leurs antidotes divins qui, de leur propre aveu, ne guérissent personne !

§. 155.

La religion, sur-tout chez les modernes, en s'emparant de la morale, en a totalement obscurci les principes ; elle a rendu les hommes insociables par devoir ; elle les a forcés d'être inhumains envers tous ceux qui ne pensoient pas comme eux. Des disputes théologiques, également inintelligibles pour des partis acharnés les uns contre les autres, ont ébranlé des empires, amené des révolutions, fait périr des souverains, désolé l'Europe entiere : ces querelles méprisables n'ont pu même s'éteindre dans des fleuves de sang. Depuis l'extinction du paganisme, les peuples se firent un principe religieux d'entrer en frénésie toutes les fois qu'on vit éclorre quelques opinions que leurs prêtres crurent contraires à la *saine doctrine*. Les sectateurs d'une religion, qui ne prêche en apparence que la charité, la concorde & la paix, se sont montré plus féroces que des cannibales ou des sauvages, toutes les fois que leurs docteurs les ont excités à la destruction de leurs freres. Il n'est point de crimes que les hommes n'aient commis dans l'idée de plaire à la divinité ou d'appaiser son courroux.

L'idée d'un Dieu terrible, que l'on se peint comme un despote, a dû nécessairement rendre ses sujets méchants. La crainte ne fait que des esclaves, & des esclaves sont lâches, bas, cruels, & se croient tout permis, quand il s'agit, ou de captiver la bienveillance, ou de se souftraire aux châtiments du maître qu'ils redoutent. La liberté de penser peut seule donner aux hommes de la grandeur d'ame & de l'humanité. La notion d'un Dieu tyran n'en peut faire que des esclaves abjects, chagrins, querelleurs, intolérants.

Toute religion qui suppose un Dieu prompt à s'irriter, jaloux, vindicatif, pointilleux sur ses droits ou sur son étiquette; un Dieu assez petit pour être blessé des opinions qu'on peut avoir de lui; un Dieu assez injuste pour exiger que l'on prenne des notions uniformes sur son compte; une telle religion devient nécessairement inquiete, insociable, sanguinaire; les adorateurs d'un Dieu pareil ne croiront jamais pouvoir, sans crime, se dispenser de haïr, & même de détruire tous ceux qu'on leur désignera comme les adversaires de ce Dieu : ils croiront que ce seroit trahir la cause de leur monarque céleste, que de vivre en bonne intelligence avec des concitoyens rebelles ; aimer ce que Dieu hait, ne seroit-ce pas s'exposer soi-même à sa haine implacable ?

Persécuteurs infames, & vous dévots anthropophages ! ne sentirez-vous jamais la folie & l'injustice de votre humeur intolérante ? Ne voyez-vous pas que l'homme n'est pas plus le maître de ses opinions religieuses, de sa crédulité ou de son incrédulité, que de la langue qu'il apprend dès l'enfance & qu'il ne peut plus changer ? Dire à un homme de penser comme vous, n'est-ce pas vouloir qu'un étranger s'exprime de même que vous ? Punir un homme pour ses erreurs, n'est-ce pas le punir d'avoir été éduqué différemment de vous ? Si je suis un incrédule, m'est-il possible de bannir de mon esprit les raisons qui ont ébranlé ma foi ? Si votre Dieu laisse aux hommes la liberté de se damner, de quoi vous mêlez-vous ? Etes-vous donc plus prudents & plus sages que ce Dieu dont vous voulez venger les droits ?

§. 156.

Il n'est point de dévot qui, suivant son tempérament, ou ne haïsse, ou ne méprise, ou ne prenne en pitié les adhérents d'une secte différente de la sienne. La religion *dominante* (qui n'est jamais que celle du souverain & des armées) fait toujours sentir sa supériorité d'une façon très-cruelle & très-injurieuse aux sectes les plus foibles. Il n'existe pas encore de vraie tolérance sur la terre ; par-tout on adore un Dieu jaloux dont chaque nation se croit l'amie, à l'exclusion de toutes les autres.

Chaque peuple se vante d'adorer seul le vrai Dieu, le Dieu universel, le souverain de la nature entiere. Mais quand on vient à examiner ce monarque du monde, on trouve que chaque société, chaque secte, chaque parti ou cabale religieuse, ne fait de ce Dieu si puissant qu'un souverain chétif, dont les soins & les bontés ne s'étendent que sur un petit nombre de sujets, qui prétendent avoir seuls l'avantage de jouir de ses faveurs, & qu'il ne s'embarrasse aucunement des autres.

Les fondateurs des religions, & des prêtres qui les maintiennent, se sont visiblement proposé de séparer les nations qu'ils endoctrinoient des autres nations : ils voulurent, par des marques distinctives, séparer leur propre troupeau ; ils donnerent à leurs adhérents des dieux ennemis des autres dieux, des cultes, des dogmes, des cérémonies à part ; ils leur persuaderent, sur-tout, que les religions des autres étoient impies & abominables. Par cet indigne artifice, ces fourbes ambitieux s'emparerent exclusivement de l'esprit de leurs sectateurs, les rendirent insociables, & leur firent regarder comme des proscrits tous ceux qui n'avoient pas un culte & des idées conformes aux leurs. Voilà comme la religion est parvenue à fermer les cœurs, & en bannir à jamais l'affection que l'homme doit avoir pour son semblable. La sociabilité, l'indulgence, l'humanité, ces premieres vertus de toute morale, sont totalement incompatibles avec les préjugés religieux.

§. 157.

Toute religion nationale est faite pour rendre l'homme vain, insociable & méchant. Le premier pas vers l'humanité est de permettre à chacun de suivre en paix le culte & les opinions qui lui conviennent ; mais cette conduite ne peut plaire aux ministres de la religion, qui veulent avoir le droit de tyranniser les hommes jusque dans leurs pensées.

Princes aveugles & dévots ! vous haïssez, vous persécutez, vous envoyez au supplice des hérétiques, parce qu'on vous persuade que ces malheureux déplaisent à Dieu. Mais ne dites-vous pas que votre Dieu est rempli de bonté ? comment espérez-vous lui plaire par des actes de barbarie qu'il doit nécessairement désapprouver ? D'ailleurs, qui vous a dit que leurs opinions déplaisent à votre Dieu ? Ce sont vos prêtres. Mais qui vous garantit que vos prêtres ne se trompent point eux-mêmes ou ne veulent pas vous tromper ? Ce sont ces mêmes prêtres. Princes ! c'est donc sur la périlleuse parole de vos prêtres que vous commettez les crimes les plus atroces & les plus avérés, dans l'idée de plaire à la divinité.

§. 158.

Jamais, dit Paschal, *on ne fait le mal si pleinement & si gaiement que quand on le fait par un faux principe de conscience* (9). Rien de plus dangereux qu'une religion qui lâche la bride à

---

(9) V. Pensées de Paschal, XXXVIII.

la férocité du peuple, & qui justifie à ses yeux les crimes les plus noirs : il ne met plus de bornes à sa méchanceté, dès qu'il la croit autorisée par son Dieu, dont il lui dit que les intérêts peuvent rendre toutes les actions légitimes. S'agit-il de la religion ? Aussi-tôt les peuples les plus civilisés redeviennent de vrais sauvages, & se croient tout permis. Plus ils se montrent cruels, & plus ils se supposent agréables à leur Dieu, dont ils s'imaginent que la cause ne peut être soutenue avec trop de chaleur.

Toutes les religions du monde ont autorisé des forfaits innombrables. Les Juifs, enivrés par les promesses de leur Dieu, se sont arrogé le droit d'exterminer les nations entieres. Fondés sur les oracles de leur Dieu, les Romains, en vrais brigands, ont conquis & ravagé le monde. Les Arabes, encouragés par leur divin prophete, ont été porter le fer & la flamme chez les chrétiens & les idolâtres. Les chrétiens, sous prétexte d'étendre leur sainte religion, ont cent fois couvert de sang l'un & l'autre hémispheres.

Dans tous les événements favorables à leurs propres intérêts, qu'ils appellent toujours *la cause de Dieu*, les prêtres nous montrent *le doigt de Dieu*. D'après ces principes les dévots ont le bonheur de voir *le doigt de Dieu* dans des révoltes, des révolutions, des massacres, des régicides, des forfaits, des prostitutions, des infamies ; &, pour peu que ces choses contribuent à l'avantage de la religion, on en est quitte alors pour dire que *Dieu se sert de toutes sortes de moyens pour parvenir à ses fins*. Est-il rien de plus capable d'anéantir toute idée de morale dans l'esprit des hommes, que de leur faire entendre que leur Dieu, si puissant & si parfait, est souvent forcé de se servir du crime pour accomplir ses desseins.

§. 159.

Dès qu'on se plaint des fureurs & des maux que la religion a tant de fois enfantés sur la terre, on nous avertit aussi-tôt que ces excès ne sont point dus à la religion, mais qu'ils sont les tristes effets des passions des hommes. Je demanderai cependant: qu'est-ce qui a déchaîné ces passions? C'est évidemment la religion; c'est le zele qui rend inhumain, & qui sert à couvrir les plus grandes infamies. Ces désordres ne prouvent-ils donc pas que la religion, au lieu de contenir les passions des hommes, ne fait que les couvrir d'un manteau qui les sanctifie, & que rien ne seroit plus utile que d'arracher ce manteau sacré dont les hommes font si souvent un si terrible usage ! Que d'horreurs seroient bannies de la société, si l'on ôtoit aux méchants un prétexte si plausible de la troubler !

Au lieu d'entretenir la paix parmi les hommes, les prêtres furent pour eux des furies qui les mirent en discorde. Ils alléguerent leur *conscience*, & prétendirent avoir reçu du ciel le droit d'être querelleurs, turbulents & rebelles. Les ministres du seigneur ne se croient-ils pas lésés, ne prétendent-ils pas que la majesté divine est outragée, toutes les fois que les souverains ont la témérité de vouloir les empêcher de nuire? Les prêtres ressemblent à cette femme acariâtre qui crioit *au feu ! au meurtre ! à l'assassin !* lorsque son mari lui retenoit les mains pour l'empêcher de le battre lui-même.

§. 160.

Nonobstant les sanglantes tragédies que la religion fait jouer très-souvent en ce monde, on ne cesse de nous répéter qu'il ne peut y avoir de morale sans la religion. Si l'on jugeoit des opinions théologiques par leurs effets, on seroit en droit d'avancer que toute morale est parfaitement incompatible avec les opinions religieuses des hommes.

Imitez Dieu, nous crie-t-on sans cesse. Eh! quelle morale aurions-nous si nous imitions ce Dieu? Quel est donc le Dieu que nous devons imiter? Est-ce le Dieu du déiste? Mais ce Dieu même ne peut être pour nous un modèle bien constant de bonté : s'il est l'auteur de tout, il est également l'auteur & du bien & du mal que nous voyons dans le monde : s'il est l'auteur de l'ordre, il est aussi l'auteur du désordre, qui n'auroit point lieu sans sa permission : s'il produit, il détruit : s'il appelle à la vie, il donne aussi la mort : s'il accorde l'abondance, les richesses, la prospérité, la paix, il permet ou envoie les disettes, la pauvreté, les calamités, les guerres. Comment prendre pour modele d'une bienfaisance permanente le Dieu du théisme ou la religion naturelle, dont les dispositions favorables sont à chaque instant démenties par tout ce que nous voyons arriver sous nos yeux? Il faut à la morale une base moins chancelante que l'exemple d'un Dieu dont la conduite varie, & que l'on ne peut dire bon qu'en fermant obstinément les yeux sur le mal qu'à chaque instant il fait ou il permet dans ce monde.

Imiterons-nous le *Jupiter très-bon, très-grand*,

de l'antiquité païenne ? Imiter un tel Dieu, c'est prendre pour modele un fils rebelle qui ravit le trône à son pere, & qu'il mutile ensuite. C'est imiter un débauché, un adultere, un incestueux, un crapuleux, dont la conduite feroit rougir tout mortel raisonnable. Où en eussent été les hommes sous le paganisme, s'ils se fussent imaginé, d'après Platon, que la vertu consistoit à imiter les dieux ?

Faudra-t-il imiter le Dieu des Juifs ? Trouverons-nous dans *Jehova* un modele de notre conduite ? C'est un Dieu vraiment sauvage, vraiment fait pour un peuple stupide, cruel & sans mœurs : c'est un Dieu toujours en fureur qui ne respire que la vengeance, qui méconnoît la pitié, qui ordonne le carnage, le vol, l'insociabilité : en un mot, c'est un Dieu dont la conduite ne peut servir de modele à celle d'un honnête homme, & ne peut être imitée que par un chef de brigands.

Imiterons-nous donc le *Jesus* des chrétiens ? Ce Dieu mort pour appaiser la fureur implacable de son pere, nous fournira-t-il un exemple que des hommes doivent suivre ? Hélas ! nous ne verrons en lui qu'un Dieu, ou plutôt un fanatique, un misanthrope qui, lui-même plongé dans la misere & prêchant des misérables, leur conseillera d'être pauvres, de combattre & d'étouffer la nature, de haïr le plaisir, de chercher la douleur, de se détester eux-mêmes : il leur dira de quitter, pour le suivre, peres, meres, parents, amis, &c. La belle morale ! nous direz-vous. Elle est admirable, sans doute ; elle doit être divine, car elle est impraticable pour des hommes. Mais une morale si sublime n'est-elle pas fa te pour rendre la vertu haïssable ? D'après la morale si vantée de l'*homme-Dieu* des chrétiens, ses disciples sont en ce bas monde de vrais *Tantales* tourmentés d'une soif ardente qu'il ne leur est pas permis d'appaiser. Une semblable morale ne nous donne-t-elle pas une idée bien merveilleuse de l'auteur de la nature ? S'il a, comme on l'assure, tout créé pour l'usage de ses créatures, par quelle bizarrerie leur défend-il l'usage des biens qu'il a créés pour elles ? Le plaisir que l'homme desire sans cesse, n'est-il donc qu'un piege que Dieu a malignement tendu pour surprendre sa foiblesse ?

§. 161.

Les sectateurs du Christ voudroient nous faire regarder comme un miracle l'établissement de leur religion, qui se montre en tout, contraire à la nature, opposée à tous les penchants du cœur, ennemie des plaisirs des sens. Mais l'austérité d'une doctrine ne la rend que plus merveilleuse aux yeux du vulgaire. La même disposition qui fait respecter comme divins & surnaturels des mysteres inconcevables, fait admirer comme divine & surnaturelle une morale impraticable & supérieure aux forces de l'homme.

Admirer une morale & la mettre en pratique, sont deux choses très-différentes. Tous les chrétiens ne cessent d'admirer & de vanter la morale de l'évangile, mais elle n'est pratiquée que par un très-petit nombre de saints, admirables pour des gens qui se dispensent eux-mêmes d'imiter leur conduite, sous prétexte que la force ou la grace leur manquent.

Tout l'univers est infecté plus ou moins d'une

morale religieuse, fondée sur l'opinion que pour plaire à la divinité, il est très-nécessaire de se rendre malheureux sur la terre. On voit, dans toutes les parties de notre globe, des pénitents, des solitaires, des *faquirs*, des fanatiques qui semblent avoir profondément étudié les moyens de se tourmenter en l'honneur d'un être dont tous s'accordent à célébrer la bonté ! La religion par son essence est l'ennemie de la joie & du bien-être des hommes. *Bien heureux sont les pauvres : bien heureux sont ceux qui pleurent ; bien heureux sont ceux qui souffrent :* malheur à ceux qui sont dans l'abondance & dans la joie. Telles sont les rares découvertes que le christianisme annonce !

§. 162.

Qu'est-ce qu'un saint dans toutes les religions ? C'est un homme qui prie, qui jeûne, qui se tourmente, qui fuit le monde, qui, comme un hibou, ne se plaît que dans la solitude, qui s'abstient de tout plaisir, qui semble effrayé de tout objet qui le détourneroit un moment de ses méditations fanatiques. Est-ce donc là de la vertu ? Un être de cette trempe est-il bon à lui-même, est-il utile aux autres ? La société ne seroit-elle pas dissoute, & les hommes ne rentreroient-ils pas dans l'état sauvage, si chacun étoit assez fou pour vouloir être un saint ?

Il est évident que la pratique littérale & rigoureuse de la morale divine des chrétiens entraîneroit infailliblement la ruine des nations. Un chrétien qui voudroit tendre à la perfection, devroit écarter de son esprit tout ce qui peut le détourner du ciel, sa véritable patrie ; il ne voit sur la terre que des tentations, des pieges, des occasons de se perdre. Il doit craindre la science comme nuisible à la foi ; il doit fuir l'industrie comme un moyen d'obtenir des richesses très-fatales au salut : il doit renoncer aux emplois & aux honneurs comme à des choses capables d'exciter son orgueil, & de le distraire du soin de penser à son ame. En un mot, la morale sublime du Christ, si elle n'étoit impraticable, briseroit tous les liens de la société.

Un saint dans le monde n'est pas un être plus utile qu'un saint dans le désert : le saint y porte une humeur chagrine, mécontente & souvent turbulente ; son zele l'oblige quelquefois en conscience de troubler la société par des opinions ou des rêves que sa vanité lui fait prendre pour des inspirations d'en haut. Les annales de toutes les religions sont remplies de saints inquiets, de saints intraitables, de saints séditieux qui se sont illustrés par les ravages, que, *pour la plus grande gloire de Dieu*, ils ont portés dans l'univers. Si les saints qui vivent dans la retraite sont inutiles, ceux qui vivent dans le monde sont souvent très-dangereux.

La vanité de jouer un rôle, le desir de s'illustrer aux yeux du vulgaire imbécille par une conduite bizarre, constituent communément le caractere distinctif des grands saints. L'orgueil leur persuade qu'ils sont des hommes extraordinaires, fort au dessus de la nature humaine des êtres bien plus parfaits que les autres, des favoris que Dieu regarde avec bien plus de complaisance que le reste des mortels. L'humilité, dans un saint, n'est pour l'ordinaire qu'un orgueil plus raffiné que celui du commun des hommes. Il n'y a qu'une vanité bien ridicule, qui puisse déterminer l'homme à faire une guerre continuelle à sa propre nature !

§. 163.

UNE morale qui contredit la nature de l'homme n'est point faite pour l'homme. Mais, direz-vous, la nature de l'homme s'est dépravée. En quoi consiste cette prétendue dépravation ? Est-ce en ce qu'il a des passions ? mais les passions ne sont-elles pas de l'essence de l'homme ? Ne faut-il pas qu'il cherche, qu'il desire, qu'il aime ce qui est, ou ce qu'il croit être utile à son bonheur ? Ne faut-il pas qu'il craigne & qu'il fuie ce qu'il juge désagréable ou funeste pour lui ? Allumez ses passions pour des objets utiles ; attachez son bien-être à ces mêmes objets ; détournez-le par des motifs sensibles & connus de ce qui peut faire du tort soit à lui-même, soit aux autres, & vous en ferez un être raisonnable & vertueux. Un homme sans passions seroit également indifférent sur le vice & la vertu.

Docteurs sacrés ! vous nous répétez à tout moment que la nature de l'homme est pervertie ; vous nous criez *que toute chair a corrompu sa voie* ; vous nous dites que la nature ne nous donne plus que des penchants déréglés. Dans ce cas, vous accusez votre Dieu, qui n'a pas pu, ou qui n'a pas voulu que cette nature conservât sa perfection primitive. Si cette nature s'est corrompue, pourquoi ce Dieu ne l'a-t-il pas réparée ? Aussitôt le chrétien m'assure que la nature humaine est réparée ; que la mort de son Dieu l'a rétablie dans son intégrité. D'où vient donc, lui répliquerai-je, prétendez-vous que la nature humaine, nonobstant la mort d'un Dieu, est encore dépravée ? C'est donc en pure perte que votre Dieu est mort. Que devient sa toute-puissance & sa victoire sur le diable, s'il est vrai que le diable conserve encore l'empire que, selon vous, il a toujours exercé dans le monde ?

La mort, selon la théologie chrétienne, est la *solde du péché*. Cette opinion est conforme à celle de quelques nations negres & sauvages, qui s'imaginent que la mort d'un homme est toujours l'effet surnaturel de la colere des dieux. Les chrétiens croient fermement que le Christ les a délivrés du péché, tandis qu'ils sont à portée de voir que dans leur religion, comme dans les autres, l'homme est sujet à la mort. Dire que Jesus-Christ nous a délivrés du péché, n'est-ce pas dire qu'un juge a fait grace à un coupable, tandis que nous voyons qu'il l'envoie au supplice ?

§. 164.

Si fermant les yeux sur tout ce qui se passe dans le monde, on vouloit s'en rapporter aux partisans de la religion chrétienne, on croiroit que la venue de leur divin Sauveur a produit la révolution la plus merveilleuse, & la réforme la plus complete dans les mœurs des nations. « Le
» Messie, selon Pascal, devoit lui seul produire
» un grand peuple élu, saint & choisi ; le con-
» duire, le nourrir, l'introduire dans le lieu de
» repos & de sainteté, le rendre saint à Dieu ;
» en faire le temple de Dieu ; le sauver de la
» colere de Dieu ; le délivrer de la servitude du
» péché ; donner des loix à ce peuple ; graver
» ces loix dans son cœur ; s'offrir à Dieu pour

lui ; écraser la tête du démon, &c. (10). Ce grand homme a oublié de nous montrer le peuple sur lequel son divin Messie a produit les effets miraculeux dont il parle avec tant d'emphase ; il paroît jusqu'à présent qu'il n'existe point sur la terre.

Pour peu qu'on examine les mœurs des nations chrétiennes, & qu'on écoute les clameurs de leurs prêtres, on sera forcé d'en conclure que Jesus-Christ leur Dieu a prêché sans fruit, est mort sans succès ; ses volontés toute-puissantes trouvent encore, dans les hommes, une résistance dont ce Dieu ou ne peut, ou ne veut pas triompher. La morale de ce docteur divin, que ses disciples admirent tant & pratiquent si peu, n'est suivie dans tout un siecle que par une demi-douzaine de saints obscurs, de fanatiques, & de moines ignorés, qui seuls auront la gloire de briller dans la cour céleste ; tout le reste des mortels, quoique racheté par le sang de ce Dieu, sera la proie des flammes éternelles.

§. 165.

QUAND un homme a grande envie de pécher, il ne songe guere à son Dieu. Bien plus, quelques crimes qu'il ait commis, il se flatte toujours que ce Dieu adoucira pour lui la dureté de ses arrêts. Nul mortel ne croit sérieusement que sa conduite puisse le damner. Quoiqu'il craigne un Dieu terrible, qui souvent le fait trembler ; toutes les fois qu'il est fortement tenté, il succombe & ne voit ensuite que le Dieu *des miséri-*

---

(10) V. les pensées de M. Pascal, XV.

cordes dont l'idée le tranquillife. Fait-il le mal, il efpere avoir le temps de s'en corriger, & fe promet bien de s'en repentir un jour.

Il eft dans la pharmacie religieufe des recettes infaillibes pour calmer les confciences ; les prêtres en tout pays poffedent des fecrets fouverains pour défarmer la colere du ciel. Cependant, s'il eft vrai que la divinité s'appaife par des prieres, des offrandes, des facrifices, des pénitences, on n'eft plus en droit de dire que la religion met un frein aux déréglements des hommes ; il pécheront d'abord, & chercheront enfuite les moyens d'appaifer Dieu. Toute religion qui expie & qui promet la rémiffion des crimes, fi elle retient quelqu'un, encourage le grand nombre à commettre le mal.

Nonobftant fon immutabilité, Dieu dans toutes les religions du monde eft un protée véritable. Ses prêtres le montrent tantôt armé de févérité, tantôt plein de clémence & de douceur; tantôt cruel, impitoyable, & tantôt fe laiffant facilement attendrir par les regrets & les larmes des pécheurs. En conféquence, les hommes n'envifagent la divinité que par le côté le plus conforme à leurs intérêts préfents. Un Dieu toujours courroucé rebuteroit fes adorateurs, ou les jetteroit dans le défefpoir. Il faut aux hommes un Dieu qui s'irrite & qui s'appaife : fi fa colere effraie quelques ames peureufes, fa clémence raffure les méchants déterminés, qui comptent bien d'ailleurs recourir tôt ou tard aux moyens de fe raccommoder avec lui. Si les jugements de Dieu font peur à quelques dévots timorés, qui déjà par tempérament & par habitude ne font pas enclins au mal ; *les tréfors de la miféricorde divine* raffurent les plus grands criminels qui ont lieu d'espérer qu'ils y participeront tout comme les autres.

§. 166.

Les hommes pour la plupart pensent rarement à Dieu, ou du moins n'en sont pas fort occupés. Son idée, a si peu de fixité, elle est si affligeante, qu'elle ne peut arrêter long-temps l'imagination que de quelques rêveurs tristes & mélancoliques qui ne constituent pas le plus grand nombre des habitants de ce monde. Le vulgaire n'y conçoit rien; son foible cerveau s'embrouille, dès-qu'il veut y penser. L'homme d'affaires ne songe qu'à ses affaires; le courtisan à ses intrigues; les gens du monde, les femmes, les jeunes gens à leurs plaisirs; la dissipation efface bientôt en eux les notions fatigantes de la religion. Les ambitieux, les avares, les débauchés écartent soigneusement des spéculations trop foibles pour contre-balancer leurs passions diverses.

A qui est-ce que l'idée de Dieu en impose? C'est à quelques hommes affoiblis, chagrins & dégoûtés de ce monde; à quelques personnes en qui les passions sont déjà amorties soit par l'âge, soit par des infirmités, soit par les coups de la fortune. La religion n'est un frein que pour ceux que leur tempérament ou leurs circonstances ont déjà mis à la raison. La crainte de Dieu n'empêche de pécher que ceux qui ne le veulent pas bien fort, ou qui ne sont plus en état de le faire.

Dire aux hommes que la divinité punit les crimes en ce monde, c'est avancer un fait que l'expérience contredit à tout moment. Les plus méchants des hommes sont communément les arbitres du monde, & ceux que la fortune comble de ses faveurs. Pour nous convaincre des jugements de Dieu, nous renvoyer à l'autre vie, c'est nous renvoyer à des conjectures, pour détruire des faits dont on ne peut douter.

§. 167.

Personne ne songe à l'autre vie quand il est fortement épris des objets qu'il rencontre ici-bas. Aux yeux d'un amant passionné, la présence de sa maîtresse éteint les feux de l'enfer, & ses charmes effacent tous les plaisirs du paradis. Femme! vous quittez, dites-vous, votre amant pour votre Dieu! c'est que votre amant n'est plus le même à vos yeux, ou c'est que votre amant vous quitte, & qu'il faut remplir le vuide qui s'est fait dans votre cœur.

Rien de plus ordinaire que de voir des ambitieux, des pervers, des hommes corrompus & sans mœurs, qui ont de la religion & qui montrent quelquefois même du zele pour ses intérêts : s'ils ne la pratiquent point, ils se promettent de la pratiquer un jour ; ils la mettent en réserve comme un remede qui tôt ou tard leur sera nécessaire pour se tranquilliser sur le mal qu'ils ont encore dessein de faire. D'ailleurs le parti des dévots & des prêtres étant un parti très-nombreux, très-agissant, très-puissant, il n'est pas étonnant de voir les fourbes & les frippons rechercher son appui pour parvenir à leurs fins. L'on nous dira, sans doute, que beaucoup d'honnêtes gens sont religieux sincérement & sans profit ; mais la droiture du cœur est-elle toujours accompagnée de lumieres ?

On nous cite un grand nombre de savants, d'hommes de génie qui ont été fortement attachés à la religion. Cela prouve que des hommes de génie peuvent avoir des préjugés, peuvent être pufillanimes, peuvent avoir une imagination qui les féduit & les empêche d'examiner les objets de fang-froid. Pafcal ne prouve rien en faveur de la religion, finon qu'un homme de génie peut avoir un coin de folie, & n'eft plus qu'un enfant quand il eft affez foible pour écouter fes préjugés. Pafcal nous dit lui même que *l'efprit peut être fort & étroit, & auffi étendu que foible* (11). Il avoit dit plus haut: *on peut avoir le fens droit & n'aller pas également à toutes chofes, car il y en a qui l'ayant droit dans un certain ordre de chofes, s'éblouiffent dans les autres.*

§. 168.

Qu'est-ce que la vertu fuivant la théologie? C'eft, nous dit-on, *la conformité des actions de l'homme avec la volonté de Dieu*. Mais, qu'eft-ce que Dieu? C'eft un être que perfonne n'eft capable de concevoir, & que par conféquent chacun modifie à fa façon. Qu'eft-ce que la volonté de Dieu? C'eft ce que des hommes qui ont vu Dieu ou que Dieu a infpirés nous ont dit être la volonté de Dieu. Qui font ceux qui ont vu Dieu? Ce font ou des fanatiques, ou des fourbes, ou de ambitieux que l'on ne peut guere en croire fur leur parole.

Fonder la morale fur un Dieu que chaque homme fe peint diverfement, que chacun compofe à fa maniere, que chacun arrange fuivant fon propre tempérament & fon propre intérêt,

---

(11) V. Penfées de M. Pafcal, XXXI.

c'est évidemment fonder la morale sur le caprice & sur l'imagination des hommes ; c'est la fonder sur les fantaisies d'une secte, d'une faction, d'un parti, qui croiront avoir l'avantage d'adorer un vrai Dieu, à l'exclusion de tous les autres.

Etablir la morale ou les devoirs de l'homme sur la volonté divine, c'est la fonder sur la volonté, les rêveries, les intérêts de ceux qui font parler Dieu, sans jamais avoir à craindre d'en être démentis. Dans toute religion les prêtres seuls ont le droit de décider de ce qui plaît ou déplaît à leur Dieu ; l'on est toujours assuré qu'ils décideront que c'est ce qui leur plaît ou leur déplaît à eux-mêmes.

Les dogmes, les cérémonies, la morale & les vertus que prescrivent toutes les religions du monde, n'ont été visiblement calculés que pour étendre le pouvoir ou augmenter les émoluments des fondateurs & des ministres de ces religions. Les dogmes sont obscurs, inconcevables, effrayants, & par là même très-propres à égarer l'imagination, & à rendre le vulgaire plus docile aux volontés de ceux qui veulent le dominer. Les cérémonies & les pratiques procurent des richesses ou de la considération aux prêtres. La morale & les vertus religieuses consistent dans une foi soumise qui empêche de raisonner ; dans une humilité dévote qui assure à des prêtres la soumission de leurs esclaves ; dans un zele ardent lorsqu'il s'agit de la religion, c'est-à-dire, quand il s'agit des intérêts de ces prêtres. Toutes les vertus religieuses n'ont évidemment pour objet que l'utilité des ministres de la religion.

§. 169.

Quand on reproche aux théologiens la stérilité de leurs vertus *théologales*, ils nous vantent avec emphase la *charité*, cet amour tendre du prochain dont le christianisme fait un devoir essentiel à ses disciples. Mais, hélas ! que devient cette prétendue charité, dès qu'on examine la conduite des ministres du Seigneur ? Demandez-leur s'il faut aimer son prochain, ou lui faire du bien quand il est un impie, un hérétique, un incrédule, c'est-à-dire, quand il ne pense pas comme eux ; demandez-leur s'il faut tolérer les opinions contraires à celles de la religion qu'ils professent : demandez-leur si le souverain peut montrer de l'indulgence pour ceux qui sont dans l'erreur ; aussi-tôt leur charité disparoît, & le clergé dominant vous dira que *le prince ne porte le glaive que pour soutenir les intérêts du Très-Haut* ; il vous dira que par amour pour le prochain, il faut le persécuter, l'emprisonner, l'exiler, le brûler. Vous ne trouverez de la tolérance que chez quelques prêtres persécutés eux-mêmes, qui mettront de côté la charité chrétienne, dès qu'ils auront le pouvoir de persécuter à leur tour.

La religion chrétienne, prêchée dans son origine par des mendiants & des hommes très-misérables, sous le nom de *charité*, recommande très-fortement l'aumône : la religion de Mahomet en fait également un devoir indispensable. Rien n'est, sans doute, plus conforme à l'humanité, que de secourir les malheureux, de vêtir l'homme nu, de tendre une main bienfaisante à quiconque a besoin. Mais ne seroit-il pas plus humain & plus charitable de prévenir la misère & d'empêcher les pauvres de pulluler ? Si la religion, au lieu de diviniser les princes, leur eût appris à respecter la propriété de leurs sujets, à être justes, à n'exercer que leurs droits légitimes, on ne verroit pas un si grand nombre de mendiants dans leurs états. Un gouvernement avide, injuste, tyrannique, multiplie la misère; la rigueur des impôts produit le découragement, la paresse, la pauvreté, qui font à leur tour éclorre des vols, des assassinats & des crimes de toute espece. Si les souverains avoient plus d'humanité, de charité, d'équité, leurs états ne seroient pas peuplés de tant de malheureux, qu'il devient impossible de soulager leur misère.

Les états chrétiens & mahométans sont remplis d'hôpitaux vastes & richement dotés, dans lesquels on admire la pieuse charité des rois & des sultans qui les ont élevés. N'eût-il donc pas été plus humain de bien gouverner les peuples, de leur procurer l'aisance, d'exciter & de favoriser l'industrie & le commerce, de les laisser jouir en sûreté du fruit de leurs travaux, que de les écraser sous un joug despotique, de les appauvrir par des guerres insensées, de les réduire à la mendicité pour satisfaire un luxe effréné, & de bâtir ensuite des monuments somptueux qui ne peuvent contenir qu'une très-petite portion de ceux qu'on a rendu misérables ? La religion par ses vertus n'a fait que donner le change aux hommes; au lieu de prévenir les maux, elle n'y appliqua jamais que des remèdes impuissants.

Les ministres du ciel ont toujours su tirer parti pour eux-mêmes, des calamités des autres : la misère publique fut, pour ainsi dire, leur élément : ils se sont rendu par-tout les administrateurs des biens des pauvres, les distributeurs des aumônes, les dépositaires des charités : par là ils étendirent & soutinrent en tout temps leur pouvoir sur les malheureux qui composent communément la partie la plus nombreuse, la plus inquiete, la plus séditieuse dans la société. Ainsi les plus grands maux tournent au profit des ministres du Seigneur.

Les prêtres des chrétiens nous disent que les biens qu'ils possedent, sont *les biens des pauvres*, & prétendent, à ce titre, que leurs possessions sont sacrées. En conséquence les souverains & les peuples se sont empressés d'accumuler dans leurs mains, des terres, des revenus, des trésors. Sous prétexte de charité nos guides spirituels sont devenus très-opulents, & jouissent aux yeux des nations appauvries, de biens qui n'étoient destinés que pour les malheureux ; ceux-ci, loin d'en murmurer, applaudissent à une sainte générosité qui enrichit l'église, mais qui bien rarement contribue à soulager les pauvres.

Suivant les principes du christianisme, la pauvreté est elle-même une vertu, & c'est celle que les souverains & les prêtres font le plus rigoureusement observer à leurs esclaves. D'après ces idées, un grand nombre de pieux chrétiens ont renoncé, de plein gré, aux richesses périssables de la terre, ont distribué leur patrimoine aux pauvres, & se sont retirés dans des déserts pour y vivre dans une indigence volontaire. Mais bientôt cet enthousiasme, ce goût surnaturel pour la misere fut forcé de céder à la nature. Les successeurs de ces pauvres volontaires vendirent aux peuples dévots, leurs prieres & leur intercession puissante auprès de la divinité ; ils devinrent riches

& puissants ; ainsi des moines, des solitaires vécurent dans l'oisiveté, & sous prétexte de charité, dévorerent effrontément la substance du pauvre.

La pauvreté d'esprit est celle dont la religion fit toujours le plus de cas. La vertu fondamentale de toute religion, c'est-à-dire, la plus utile à ses ministres, c'est *la foi*. Elle consiste dans une crédulité sans bornes, qui fait croire sans examen tout ce que les interpretes de la divinité ont intérêt que l'on croie. A l'aide de cette vertu merveilleuse, les prêtres sont devenus les arbitres & du juste & de l'injuste, & du bien & du mal : il leur fut très-facile de faire commettre des crimes, quand ils eurent besoin de crimes pour faire valoir leurs intérêts. La foi implicite a été la source des plus grands attentats qui se soient commis sur la terre.

§. 170.

CELUI qui le premier a dit aux nations, que lorsqu'on avoit fait tort aux hommes, il falloit en demander pardon à Dieu, l'appaiser par des présents, lui offrir des sacrifices a visiblement détruit les vrais principes de la morale. D'après ces idées, les hommes s'imaginent que l'on peut obtenir du roi du ciel, comme des rois de la terre, la permission d'être injuste & méchant, ou du moins le pardon du mal que l'on peut faire.

La morale est fondée sur les rapports, les besoins, les intérêts constants des habitants de la terre : les rapports qui subsistent entre les hommes & Dieu, ou sont parfaitement inconnus, ou sont imaginaires. La religion, en associant
Dieu

Dieu avec les hommes, a visiblement affoibli ou détruit les liens qui les unissent entre eux. Les mortels s'imaginent pouvoir impunément se nuire les uns aux autres, en faisant une réparation convenable à l'Etre tout-puissant, à qui l'on suppose le droit de remettre toutes les offenses faites à ses créatures.

Est-il rien de plus propre à rassurer les méchants ou à les enhardir au crime, que de leur persuader qu'il existe un être invisible qui a le droit de leur pardonner les injustices, les rapines, les perfidies, les outrages qu'ils peuvent faire à la société ? Encouragés par ces funestes idées, nous voyons que les hommes les plus pervers se livrent aux plus grands crimes, & croient les réparer en implorant la miséricorde divine : leur conscience est en repos, dès qu'un prêtre les assure que le ciel est désarmé par un repentir sincere, très-inutile au monde ; ce prêtre les console au nom de la divinité, s'ils consentent, en réparation de leurs fautes, à partager avec ses ministres les fruits de leurs brigandages, de leurs fraudes & de leurs méchancetés.

Une morale liée à la religion lui est nécessairement subordonnée. Dans l'esprit d'un dévot, Dieu doit passer avant ses créatures ; il vaut mieux lui obéir qu'aux hommes. Les intérêts du monarque céleste doivent l'emporter sur ceux des chétifs mortels. Mais les intérêts du ciel sont visiblement les intérêts des ministres du ciel : d'où il suit évidemment que dans toute religion les prêtres, sous prétexte des intérêts du ciel ou de la gloire de Dieu, pourront dispenser des devoirs de la morale humaine, quand ils ne s'accorderont pas avec les devoirs que Dieu est en droit d'imposer. D'ailleurs, celui qui a le pouvoir de pardonner les crimes, ne doit-il pas avoir le droit d'en commander ?

§. 171.

On se tue de nous dire que sans un Dieu il ne peut y avoir *d'obligation morale*; qu'il faut aux hommes & aux souverains eux-mêmes un législateur assez puissant pour les obliger. L'obligation morale suppose une loi ; mais cette loi naît des rapports éternels & nécessaires des choses entre elles, rapports qui n'ont rien de commun avec l'existence d'un Dieu. Les regles de la conduite des hommes découlent de leur propre nature qu'ils sont à portée de connoître, & non de la nature divine dont ils n'ont nulle idée : ces regles nous obligent ; c'est-à-dire, que nous nous rendons estimables ou méprisables, aimables ou haïssables, dignes de récompenses ou de châtiments, heureux ou malheureux, suivant que nous nous conformons à ces regles, ou que nous nous en écartons. La loi qui oblige l'homme à ne se pas nuire à lui-même, est fondée sur la nature d'un être sensible qui, de quelque façon qu'il soit venu dans ce monde, ou quel que puisse être son sort dans un monde à venir, est forcé par son essence actuelle de chercher le bien-être & de fuir le mal, d'aimer le plaisir & de craindre la douleur. La loi qui oblige l'homme à ne pas nuire aux autres & à leur faire du bien, est fondée sur la nature des êtres sensibles vivants en société, qui sont par leur essence forcés de mépriser ceux qui ne leur font aucun bien, & de détester ceux qui s'opposent à leur félicité.

Soit qu'il existe un Dieu, soit qu'il n'en existe

point, soit que ce Dieu ait parlé, soit qu'il n'ait point parlé, les devoirs moraux des hommes seront toujours les mêmes, tant qu'ils auront la nature qui leur est propre, c'est-à-dire, tant qu'ils seront des êtres sensibles. Les hommes ont-ils donc besoin d'un Dieu qu'ils ne connoissent pas, d'un législateur invisible, d'une religion mystérieuse, de craintes chimériques, pour comprendre que tout excès tend évidemment à les détruire, que pour se conserver il faut s'en abstenir, que pour se faire aimer des autres il faut leur faire du bien, que leur faire du mal est un sûr moyen de s'attirer leur vengeance & leur haine ?

Avant la loi point de péché. Rien de plus faux que cette maxime. Il suffit que l'homme soit ce qu'il est, ou soit un être sensible, pour distinguer ce qui lui fait plaisir de ce qui lui déplaît. Il suffit qu'un homme sache qu'un autre homme est un être sensible comme lui, pour qu'il ne puisse pas ignorer ce qui lui est utile ou nuisible. Il suffit que l'homme ait besoin de son semblable, pour qu'il sache qu'il doit craindre d'exciter en lui des sentiments défavorables à lui-même. Ainsi l'être sentant & pensant n'a besoin que de sentir & de penser, pour découvrir ce qu'il doit faire, & pour lui-même & pour les autres. Je sens, & un autre sent comme moi ; voilà le fondement de toute morale.

§. 172.

CE n'est que par sa conformité avec la nature de l'homme que nous pouvons juger de la bonté d'une morale. D'après cette comparaison, nous sommes en droit de la rejeter si nous la trouvons contraire au bien-être de notre espece. Quiconque a médité sérieusement la religion & sa morale surnaturelle, quiconque en a pesé d'une main sûre les avantages & les désavantages, demeurera convaincu que l'une & l'autre sont nuisibles aux intérêts du genre humain, ou directement opposées à la nature de l'homme.

« Peuples, aux armes ! il s'agit de la cause de » votre Dieu. Le ciel est outragé ! La foi est en » péril ! A l'impiété ! Au blasphême ! A l'hérésie ! » Par le pouvoir magique de ces mots redoutables, auxquels les peuples ne comprirent jamais rien, les prêtres furent de tout temps les maîtres de soulever les nations, de détrôner des rois, d'allumer des guerres civiles, de mettre les hommes aux prises. Quand par hasard on examine les importants objets qui ont excité la colere céleste & produit tant de ravages sur la terre, il se trouve que les folles rêveries & les bizarres conjectures de quelque théologien qui ne s'entendoit pas lui-même, ou les prétentions du clergé, ont brisé tous les liens de la société, & baigné le genre humain dans son sang & ses larmes.

§. 173.

Les souverains de ce monde, en associant la divinité au gouvernement de leurs états, en se donnant pour ses lieutenants & ses représentants sur la terre, en reconnoissant que c'est d'elle qu'ils tiennent leur pouvoir, ont dû nécessairement se donner ses ministres pour rivaux ou pour maîtres. Est-il donc étonnant que souvent les prêtres aient fait sentir aux rois la supériorité du monarque céleste ? N'ont-il pas plus d'une fois fait connoître aux princes temporels, que le pouvoir le plus grand est forcé de céder au pouvoir spirituel de l'opinion? Rien de plus difficile que de servir deux maîtres, sur-tout quand ils ne sont point d'accord sur ce qu'ils demandent à leurs sujets.

L'association de la religion avec la politique a nécessairement introduit une législation double dans les états. La loi de Dieu, interprétée par ses prêtres, se trouva souvent contraire à la loi du souverain ou à l'intérêt de l'état. Quand les princes ont de la fermeté, & se sont assurés de l'amour de leurs sujets, la loi de Dieu est quelquefois obligée de se prêter aux intentions sages du souverain temporel : mais le plus souvent l'autorité souveraine est obligée de reculer devant l'autorité divine, c'est-à-dire, devant l'intérêt du clergé. Rien de plus dangereux pour un prince que de *mettre la main à l'encensoir*, c'est-à-dire, de vouloir réformer les abus consacrés par la religion. Dieu n'est jamais plus en colere, que lorsqu'on touche aux droits divins, aux privileges, aux possessions, aux immunités de ses prêtres.

Les spéculations métaphysiques ou les opinions religieuses des hommes n'influent sur leur conduite que quand ils les jugent conformes à leurs intérêts. Rien ne prouve cette vérité d'une façon plus convaincante que la conduite d'un grand nombre de princes relativement à la puissance spirituelle à laquelle on les voit très-souvent résister. Un souverain, persuadé de l'importance & des droits de la religion, ne devroit-il pas se croire en conscience obligé de recevoir avec respect les ordres de ses prêtres, & les regarder comme des ordres de la divinité même? Il fut un temps où les rois & les peuples, plus conséquents & convaincus des droits de la puissance spirituelle, se rendoient ses esclaves, lui cédoient en toute occasion, & n'étoient que des instruments dociles dans ses mains : cet heureux temps n'est plus ; par une étrange inconséquence on voit quelquefois les plus dévots monarques s'opposer aux entreprises de ceux qu'ils regardent pourtant comme les ministres de Dieu. Un souverain, bien pénétré de religion ou de respect pour son Dieu, devroit se tenir sans cesse prosterné devant ses prêtres, & les regarder comme ses souverains véritables. Est-il une puissance sur la terre qui ait le droit de se mesurer avec celle du Très-haut ?

§. 174.

Les princes, qui se croient intéressés à faire durer les préjugés de leurs sujets, ont-ils donc bien réfléchi aux effets qu'ont produit & que peuvent encore produire des démagogues privilégiés, qui ont le droit de parler quand ils veulent, & d'enflammer au nom du ciel les passions de plusieurs millions de sujets? Quels ravages ne causeroient pas ces harangueurs sacrés, s'ils s'entendoient pour troubler un état, comme ils ont fait si souvent ?

Rien de plus onéreux & de plus ruineux pour la plupart des nations, que le culte de leurs dieux. Par-tout leurs ministres non-seulement constituent le premier ordre dans l'état, mais encore jouissent de la portion la plus ample des biens de la société, & sont en droit de lever des impôts continuels sur leurs concitoyens. Quels avantages réels ces organes du Très-haut procurent-ils donc aux peuples pour les profits immenses qu'ils en tirent ? En échange de leurs richesses & de leurs bienfaits, leur donnent-ils autre chose que des mysteres, des hypotheses, des cérémonies, des questions subtiles, des querelles interminables que très-souvent les états sont encore obligés de payer de leur sang ?

§. 175.

La religion, qui se donne pour le plus ferme appui de la morale, lui ôte évidemment ses vrais mobiles pour leur substituer des mobiles imaginaires, des chimeres inconcevables qui, étant visiblement contraires au bon sens, ne peuvent être crus fermement par personne. Tout le monde nous assure qu'il croit fermement un Dieu qui récompense & punit ; tout le monde se dit persuadé de l'existence d'un enfer & d'un paradis : cependant voyons-nous que ces idées rendent les hommes meilleurs, ou contre-balancent dans l'esprit du plus grand nombre d'entre eux, les intérêts les plus légers ? Chacun nous assure qu'il est effrayé des jugements de Dieu, & chacun suit ses passions, quand il se croit sûr d'échapper aux jugements des hommes.

La crainte des puissances invisibles est rarement aussi forte que la crainte des puissances visibles. Des supplices inconnus ou éloignés frappent bien moins le peuple, qu'une potence dressée ou que l'exemple d'un pendu. Il n'est guere de courtisan qui craigne à beaucoup près autant la colere de son Dieu, que la disgrace de son maître. Une pension, un titre, un ruban suffisent pour faire oublier, & les tourments de l'enfer, & les plaisirs de la cour céleste. Les caresses d'une femme l'emportent tous les jours sur les menaces du Très-haut. Une plaisanterie, un ridicule, un bon mot font plus d'impression sur l'homme du monde, que toutes les notions graves de sa religion.

Ne nous assure-t-on pas *qu'un bon peccavi* suffit pour appaiser la divinité ? Cependant on ne voit pas que ce *bon peccavi* se dise bien sincérement; du moins est-il très-rare de voir les grands voleurs restituer, même à l'article de la mort, des biens qu'ils savent avoir injustement acquis. Les hommes se persuadent, sans doute, qu'ils se feront aux feux éternels, s'ils ne peuvent s'en garantir. Mais *il est avec le ciel des accommodements* : en donnant à l'église une portion de leur fortune, il y a très-peu de dévots frippons qui ne meurent fort tranquilles sur la façon dont ils se sont enrichis en ce monde.

§. 176.

DE l'aveu même des plus ardents défenseurs de la religion & de son utilité, rien de plus rare que les conversions sinceres ; à quoi l'on pourroit ajouter, rien de plus infructueux pour la société. Les hommes ne se dégoûtent du monde, que lorsque le monde est dégoûté d'eux; une femme ne se donne à Dieu, que lorsque le monde ne veut plus d'elle. Sa vanité trouve dans la dévotion un rôle qui l'occupe, & la dédommage de la ruine de ses charmes. Des pratiques minutieuses lui font passer le temps; les cabales, les intrigues, les déclamations, la médisance, le zele lui fournissent des moyens de s'illustrer & de se faire considérer dans le parti dévot.

Si les dévots ont le talent de plaire à Dieu

& à ſes prêtres, ils ont rarement celui de plaire à la ſociété ou de s'y rendre utiles. La religion, pour un dévot, eſt un voile qui couvre & juſtifie toutes ſes paſſions, ſon orgueil, ſa mauvaiſe humeur, ſa colere, ſa vengeance, ſon impatience, ſes rancunes. La dévotion s'arroge une ſupériorité tyrannique qui bannit du commerce la douceur, l'indulgence & la gaieté : elle donne le droit de cenſurer les autres, de reprendre, de déchirer les profanes pour la plus grande gloire de Dieu. Il eſt très-ordinaire d'être dévot, & de n'avoir aucune des vertus ou des qualités néceſſaires à la vie ſociale.

§. 177.

On aſſure que le dogme d'une autre vie eſt de la plus grande importance pour le repos des ſociétés ; on s'imagine que, ſans lui, les hommes n'auroient plus ici-bas de motifs pour bien faire. Qu'eſt-il beſoin de terreurs & de fables, pour faire ſentir à tout homme raiſonnable la façon dont il doit ſe comporter ſur la terre ? Chacun de nous ne voit-il pas qu'il a le plus grand intérêt à mériter l'approbation, l'eſtime, la bienveillance des êtres qui l'environnent, & de s'abſtenir de tout ce qui peut lui attirer le blâme, les mépris & le reſſentiment de la ſociété ? Quelque courte que ſoit la durée d'un feſtin, d'une converſation, d'une viſite, chacun ne veut-il pas y jouer un rôle décent, agréable pour lui-même & pour d'autres ? Si la vie n'eſt qu'un paſſage, tâchons de le rendre facile ; il ne peut l'être, ſi nous manquons d'égards pour ceux qui cheminent avec nous.

La religion, triſtement occupée de ſes ſombres rêveries, ne nous repréfente l'homme que comme un pélerin fur la terre : elle en conclud que, pour voyager plus fûrement, il doit faire bande à part, renoncer aux douceurs qu'il rencontre, fe priver des amufements qui pourroient le confoler des fatigues & des ennuis de la route. Une philofophie ftoïque & chagrine nous donne quelquefois des confeils auffi peu fenfés que la religion. Mais une philofophie plus raifonnable nous invite à répandre des fleurs fur le chemin de la vie; à en écarter la mélancolie & les terreurs paniques; à nous lier d'intérêts avec nos compagnons de voyage; à nous diftraire par la gaieté & par des plaifirs honnêtes, des peines & des traverfes auxquelles nous nous trouvons fi fouvent expofés : elle nous fait fentir que, pour voyager avec agrément, nous devons nous abftenir de ce qui pourroit nous devenir nuifible à nous-mêmes, & fuir avec grand foin ce qui pourroit nous rendre odieux à nos affociés.

§. 178.

On demande quels motifs un athée peut avoir de bien faire. Il peut avoir le motif de fe plaire à lui-même, de plaire à fes femblables, de vivre heureux & tranquille; de fe faire aimer & confidérer des hommes, dont l'exiftence & les difpofitions font bien plus fûres & plus connues que celles d'un être impoffible à connoître. Celui qui ne craint pas les dieux peut-il craindre quelque chofe ? Il peut craindre les hommes; il peut craindre le mépris, le déshonneur, les châtiments & la vengeance des loix; enfin, il peut fe contraindre lui-même & les remords qu'éprouvent tous ceux qui ont la conscience d'avoir encouru ou mérité la haine de leurs semblables.

La conscience est le témoignage intérieur que nous nous rendons à nous-mêmes d'avoir agi de façon à mériter l'estime ou le blâme des êtres avec qui nous vivons. Cette conscience est fondée sur la connoissance évidente que nous avons des hommes, & des sentiments que nos actions doivent produire en eux. La conscience du dévot consiste à se persuader qu'il a plu ou déplu à son Dieu, dont il n'a nulle idée, & dont les intentions obscures & douteuses ne lui sont expliquées que par des hommes suspects, qui ne connoissent pas plus que lui l'essence de la divinité, & qui sont très-peu d'accord sur ce qui peut lui plaire ou lui déplaire. En un mot, la conscience de l'homme crédule est dirigée par des hommes qui ont eux-mêmes une conscience erronée, ou dont l'intérêt étouffe les lumieres.

Un athée peut-il avoir de la conscience ? Quels sont ses motifs pour s'abstenir des vices cachés & des crimes secrets que les autres hommes ignorent, & sur lesquels les loix n'ont point de prise ? Il peut s'être assuré, par une expérience constante, qu'il n'est point de vice qui, par la nature des choses, ne se punisse lui-même. Veut-il se conserver, il évitera tous les excès qui pourroient endommager sa santé ; il ne voudra point traîner une vie languissante qui le rendroit à charge, & à lui-même, & aux autres. Quant aux crimes secrets, il s'en abstiendra par la crainte d'être forcé d'en rougir à ses propres yeux, auxquels il ne peut se soustraire.

S'il a de la raison, il connoîtra le prix de l'estime qu'un honnête homme doit avoir pour lui-même. Il saura d'ailleurs que des circonstances inespérées peuvent dévoiler aux yeux des autres la conduite qu'il se sent intéressé de leur cacher. L'autre monde ne fournit aucun motif de bien faire à celui qui n'en trouve point ici-bas.

§. 179.

« L'ATHÉE de spéculation, nous dira le théiste, » peut être un honnête homme, mais ses écrits » formeront des athées politiques. Des princes » & des ministres, n'étant plus retenus par la » crainte de Dieu, se livreront sans scrupule aux » plus affreux excès. » Mais quelle que l'on puisse supposer la dépravation d'un athée sur le trône, peut-elle jamais être plus forte & plus nuisible que celle de tant de conquérants, de tyrans, de persécuteurs, d'ambitieux, de courtisans pervers qui, sans être des athées, qui même étant souvent très-religieux & très-dévots, ne laissent pas de faire gémir l'humanité sous le poids de leurs crimes ? Un prince athée peut-il faire plus de mal au monde qu'un Louis XI, un Philippe II, un Richelieu, qui tous ont allié la religion avec le crime ? Rien de moins ordinaire que des princes athées ; mais rien de plus commun que des tyrans & des ministres très-méchants & très-religieux.

§. 180.

TOUT homme, dont l'esprit se livre à la réflexion, ne peut s'empêcher de connoître ses devoirs, de découvrir les rapports subsistants entre les hommes, de méditer sa propre nature, de démêler ses besoins, ses penchants, ses désirs, & de s'appercevoir de ce qu'il doit à des êtres nécessaires à son propre bonheur. Ces réflexions conduisent naturellement à la connoissance de la morale la plus essentielle pour des êtres qui vivent en société. Tout homme qui aime à se replier sur lui-même, à étudier, à chercher les principes des choses, n'a pas pour l'ordinaire des passions bien dangereuses : sa passion la plus forte sera de connoître la vérité, & son ambition de la montrer aux autres. La philosophie est propre à cultiver & le cœur & l'esprit. Du côté des mœurs & de l'honnêteté, celui qui réfléchit & raisonne n'a-t-il pas évidemment de l'avantage sur celui qui se fait un principe de ne point raisonner ?

Si l'ignorance est utile aux prêtres & aux oppresseurs du genre humain, elle est très-funeste à la société. L'homme, dépourvu de lumieres, ne jouit pas de sa raison ; l'homme, dépourvu de raison & de lumieres, est un sauvage qui peut, à chaque instant, être entraîné dans le crime. La morale, ou la science des devoirs, ne s'acquiert que par l'étude de l'homme & de ses rapports. Celui qui ne réfléchit point par lui-même, ne connoît point la vraie morale, & marche d'un pas peu sûr dans le chemin de la vertu. Moins les hommes raisonnent, & plus ils sont méchants. Les sauvages, les princes, les grands, les gens de la lie du peuple sont communément les plus méchants des hommes, parce qu'ils sont ceux qui raisonnent le moins.

Le dévot ne réfléchit jamais, & se garde bien de raisonner. Il craint tout examen ; il suit l'autorité, & souvent même une conscience erronée lui fait un saint devoir de commettre le mal. L'incrédule raisonne, il consulte l'expérience & la préfere au préjugé. S'il a raisonné juste, sa conscience s'éclaire ; il trouve, pour bien faire, des motifs plus réels que le dévot, qui n'a d'autres motifs que ses chimeres, & qui jamais n'écoute la raison. Les motifs de l'incrédule ne sont-ils pas assez puissants pour contre-balancer ses passions ? Est-il assez borné pour méconnoître les intérêts les plus réels qui devroient le contenir ? Eh bien ! il sera vicieux & méchant ; mais pour lors il ne sera ni pire ni meilleur que tant d'hommes crédules qui, nonobstant la religion & ses préceptes sublimes, ne laissent pas de suivre une conduite que cette religion condamne. Un assassin crédule est-il donc moins à craindre qu'un assassin qui ne croit rien ? Un tyran bien dévot est-il moins un tyran qu'un tyran indévot ?

§. 181.

RIEN de plus rare au monde que des hommes conséquents. Leurs opinions n'influent sur leur conduite que lorsqu'elles se trouvent conformes à leurs tempéraments, à leurs passions, à leurs intérêts. Les opinions religieuses, d'après l'expérience journaliere, produisent beaucoup de mal contre très-peu de bien ; elles sont nuisibles, parce qu'elles s'accordent fort souvent avec les passions des tyrans, des ambitieux, des fanatiques & des prêtres ; elles ne sont d'aucun effet, parce qu'elles sont incapables de contre-balancer les intérêts présents du plus grand nombre des hommes. Les principes religieux sont toujours mis de côté, quand ils s'opposent à des desirs ardents ; sans être incrédule on se conduit alors comme si l'on ne croyoit rien.

On risquera toujours de se tromper, quand on voudra juger des opinions des hommes par leur conduite, ou de leur conduite par leurs opinions. Un homme très-religieux, nonobstant les principes insociables & cruels d'une religion sanguinaire, sera quelquefois, par une heureuse inconséquence, humain, tolérant, modéré; pour lors les principes de sa religion ne s'accordent pas avec la douceur de son caractere. Un libertin, un débauché, un hypocrite, un adultere, un frippon nous montreront souvent qu'ils ont les idées les plus vraies sur les mœurs. Pourquoi ne les mettent-ils pas en pratique? C'est que leurs tempéraments, leurs intérêts, leurs habitudes ne s'accordent point avec leurs théories sublimes. Les principes séveres de la morale chrétienne, que tant de gens font passer pour divine, n'influent que très-foiblement sur la conduite de ceux qui les prêchent aux autres. Ne nous disent-ils pas tous les jours *de faire ce qu'ils prêchent, & de ne pas faire ce qu'ils font?*

Les partisans de la religion désignent assez communément les incrédules sous le nom de *libertins*. Il peut très-bien se faire que beaucoup d'incrédules aient des mœurs déréglées ; ces mœurs sont dues à leurs tempéraments, & non à leurs opinions. Mais que fait leur conduite à ces opinions ? Un homme sans mœurs ne peut-il donc pas être bon médecin, bon architecte, bon géometre, bon logicien, bon métaphysicien, bon raisonneur ? Avec une conduite irréprochable, on peut être un ignorant sur bien des choses, & raisonner très-mal. Quand il s'agit de la vérité, il nous importe peu de qui elle nous vienne. Ne jugeons pas des hommes par leurs opinions, ni des opinions par les hommes : jugeons des hommes par leur conduite, & de leurs opinions par leur conformité avec l'expérience, la raison, l'utilité du genre humain.

§. 182.

TOUT homme qui raisonne devient bientôt incrédule, parce que le raisonnement lui prouve que la théologie n'est qu'un tissu de chimeres; que la religion est contraire à tous les principes du bon sens; qu'elle porte une teinte de fausstetés dans toutes les connoissances humaines. L'homme sensible devient incrédule, parce qu'il voit que la religion, loin de rendre les hommes plus heureux, est la source premiere des plus grands désordres & des calamités permanentes dont l'espece humaine est affligée. L'homme, qui cherche son bien-être & sa propre tranquillité, examine sa religion & s'en détrompe, parce qu'il trouve aussi incommode qu'inutile, de passer sa vie à trembler devant des fantômes qui ne sont faits pour en imposer qu'à des femmelettes ou à des enfants.

Si quelquefois le libertinage, qui ne raisonne guere, conduit à l'irréligion, l'homme réglé dans ses mœurs peut avoir des motifs très-légitimes pour examiner sa religion & pour la bannir de son esprit. Trop foibles pour en imposer aux méchants, en qui le vice a jeté de profondes racines, les terreurs religieuses affligent, tourmentent, accablent des imaginations inquietes. Les ames ont-elles du courage & du ressort, elles ont bientôt secoué un joug qu'elles ne portoient qu'en frémissant. Sont-elles foibles & craintives, elles traînent ce joug pendant toute leur vie; elles

vieillissent

vieillissent en tremblant, ou du moins elles vivent dans des incertitudes accablantes.

Les prêtres ont fait de Dieu un être si malin, si farouche, si propre à chagriner, qu'il est très-peu d'hommes au monde qui ne desirassent au fond du cœur que ce Dieu n'existât pas. On ne vit point heureux, quand on tremble toujours. Vous adorez un Dieu terrible, ô dévot ! eh bien ! vous le haïssez, vous voudriez qu'il ne fût pas. Peut-on ne pas desirer l'absence ou la destruction d'un maître, dont l'idée ne fait que tourmenter l'esprit ? Ce sont les couleurs noires dont les prêtres se servent pour peindre la divinité qui, révoltant les cœurs, forcent à la haïr & à la rejeter.

§. 183.

Si la crainte a fait les dieux, la crainte soutient leur empire dans l'esprit des mortels : on les a de si bonne heure accoutumés à frissonner au seul nom de la divinité, qu'elle est devenue pour eux un spectre, un lutin, un loup-garoux qui les tourmente, & dont l'idée leur ôte le courage même de vouloir se rassurer. Ils craignent que le spectre invisible ne les frappe, s'ils cessoient un instant d'avoir peur. Les dévots craignent trop leur Dieu pour l'aimer sincérement ; ils le servent en esclaves qui, dans l'impossibilité d'échapper à sa puissance, prennent le parti de flatter leur maître, & qui, à force de mentir, se persuadent à la fin qu'ils ont pour lui de l'amour. Ils font de nécessité vertu. L'amour des dévots pour leur Dieu, & des esclaves pour leurs despotes, n'est qu'un hommage servile & simulé qu'ils rendent à la force, auquel le cœur ne prend aucune part.

§. 184.

Les docteurs chrétiens ont fait leur Dieu si peu digne d'amour, que plusieurs d'entre eux ont cru devoir dispenser de l'aimer; blasphême qui fait frémir d'autres docteurs moins sinceres. St. Thomas ayant prétendu qu'on est obligé d'aimer Dieu aussi-tôt qu'on a l'usage de sa raison, le jésuite Sirmond lui répond que *c'est bientôt*. Le jésuite Vasquez assure qu'*il suffit d'aimer Dieu à l'article de la mort*. Hurtado, moins facile, dit qu'*il faut aimer Dieu tous les ans*. Henriquez se contente qu'on l'aime *tous les cinq ans*; Sotus, *tous les dimanches*. Sur quoi fondés ? demande le pere Sirmond, qui ajoute que Suarez veut *qu'on aime Dieu quelquefois* : mais en quel temps ? il vous en fait juge ; il n'en sait rien lui-même. *Or, dit-il, ce qu'un si savant docteur ne sait pas, qui pourra le savoir ?* Le même jésuite Sirmond continue, en disant que *Dieu ne nous ordonne pas de l'aimer d'un amour d'affection, & ne nous promet pas le salut à condition de lui donner notre cœur : c'est assez de lui obéir & de l'aimer d'un amour effectif en exécutant ses ordres; c'est là le seul amour que nous lui devons, & il ne nous a pas tant commandé de l'aimer que de ne point le haïr* (12). Cette doctrine paroît hérétique, impie, abominable aux jansénistes, qui, par la sévérité révoltante qu'ils attribuent à leur Dieu, le rendent encore bien moins aimable que les jésuites leurs adversaires ; ceux-ci, pour s'attirer des adhérents, peignent Dieu sous des traits capables de rassurer les mor-

---

(12) Voyez *Apologie des lettres provinciales*, tome II.

(211)

tels les plus pervers. Ainsi rien de moins décidé pour les chrétiens, que la question importante si l'on peut, ou si l'on doit aimer ou ne pas aimer Dieu. Parmi leurs guides spirituels, les uns prétendent qu'il faut l'aimer de tout son cœur malgré toutes ses rigueurs; d'autres, comme le P. Daniel, trouvent qu'*un acte de pur amour de Dieu, est l'acte le plus héroïque de la vertu chrétienne, & que la foiblesse humaine ne peut guere s'élever si haut*. Le jésuite Pintereau va plus loin; il dit que *c'est un privilege de la nouvelle alliance, que la délivrance du joug fâcheux de l'amour divin* (13).

§. 185.

C'EST toujours le caractere de l'homme qui décide du caractere de son Dieu; chacun s'en fait un pour lui-même & d'après lui-même. L'homme gai, qui se livre à la dissipation & aux plaisirs, ne peut pas se figurer que son Dieu puisse être austere & rébarbatif; il lui faut un Dieu facile avec lequel on puisse entrer en composition. L'homme sévere, chagrin, bilieux, d'une humeur âcre, veut un Dieu qui lui ressemble, un Dieu qui fasse trembler, & regarde comme des pervers ceux qui n'admettent qu'un Dieu commode & facile à gagner. Les hérésies, les querelles, les schismes sont nécessaires. Les hommes étant constitués, organisés, modifiés d'une façon qui ne peut être précisément la même, pourroient-ils être d'accord sur une chimere qui n'existe jamais que dans leurs propres cerveaux?

Les disputes non moins cruelles qu'intermina-

---

(13) *V. Ibidem.*

bles, qui s'élevent sans cesse entre les ministres du Seigneur, ne sont pas de nature à leur attirer la confiance de ceux qui les considerent d'un œil impartial. Comment ne pas se jeter dans l'incrédulité la plus complete à la vue des principes sur lesquels ceux mêmes qui les enseignent aux autres ne sont jamais d'accord ? Comment ne point former des doutes sur l'existence d'un Dieu, dont l'idée varie d'une façon si marquée dans les têtes de ses ministres ? Comment ne pas finir par rejeter totalement un Dieu qui n'est qu'un amas informe de contradictions ? Comment s'en rapporter à des prêtres que nous voyons perpétuellement occupés à se combattre, à se traiter d'impies & d'hérétiques, à se déchirer, à se persécuter sans pitié sur la maniere dont ils entendent les prétendues vérités qu'ils annoncent au monde ?

§. 186.

L'EXISTENCE d'un Dieu est la base de toute religion. Cependant jusqu'ici cette importante vérité n'a point encore été démontrée, je ne dis pas de maniere à convaincre les incrédules, mais d'une maniere propre à satisfaire les théologiens eux-mêmes. L'on a vu de tout temps des penseurs profondément occupés à imaginer des preuves nouvelles de la vérité la plus intéressante pour les hommes. Quels ont été les fruits de leurs méditations & de leurs arguments ? Ils ont laissé la chose au même point ; ils n'ont rien démontré ; presque toujours ils ont excité les clameurs de leurs confreres qui les ont accusés d'avoir mal défendu la meilleure des causes.

§. 187.

Les apologistes de la religion nous répetent chaque jour que les passions seules font les incrédules : « c'est, disent-ils, l'orgueil & le desir
» de se distinguer qui font les athées; ils ne
» cherchent d'ailleurs à effacer l'idée de Dieu de
» leur esprit, que parce qu'ils ont lieu de craindre
» ses jugements rigoureux. » Quels que soient les motifs qui portent les hommes à l'irréligion, il s'agit d'examiner s'ils ont rencontré la vérité. Nul homme n'agit sans motifs : examinons d'abord les arguments, nous examinerons les motifs ensuite ; & nous verrons s'ils ne sont pas légitimes & plus sensés que ceux de tant de dévots crédules, qui se laissent guider par des maîtres peu dignes de la confiance des hommes.

Vous dites donc, ô prêtres du Seigneur ! que les passions font les incrédules : vous prétendez qu'ils ne renoncent à la religion que par intérêt, ou parce qu'elle contredit leurs penchants déréglés ; vous assurez qu'ils n'attaquent vos dieux, que parce qu'ils appréhendent leurs rigueurs. Eh ! vous mêmes, en défendant cette religion & ses chimeres, êtes-vous donc vraiment exempts de passions ou d'intérêts ? Qui est-ce qui retire les émoluments de cette religion pour laquelle les prêtres font éclater tant de zele ? Ce sont les prêtres. A qui la religion procure-t-elle du pouvoir, du crédit, des honneurs, des richesses ? C'est aux prêtres. Qui est-ce qui fait la guerre en tout pays à la raison, à la science, à la vérité, à la philosophie, & les rend odieuses aux souverains & aux peuples ? Ce sont les prêtres. Qui est-ce qui profite sur la terre de l'ignorance des hommes & de leurs vains préjugés ? Ce font les prêtres. Vous êtes, ô prêtres ! récompensés, honorés & payés pour tromper les mortels, & vous faites punir ceux qui les détrompent ! Les folies des hommes vous procurent des bénéfices, des offrandes, des expiations ; les vérités les plus utiles ne procurent à ceux qui les annoncent, que des chaînes, des supplices, des bûchers. Que l'univers juge entre nous.

§. 188.

L'ORGUEIL & la vanité furent & seront toujours des vices inhérents au sacerdoce. Est-il rien de plus capable de rendre des hommes altiers & vains, que la prétention d'exercer un pouvoir émané du ciel, de posséder un caractere sacré, d'être les envoyés & les ministres du Très-haut ? Ces dispositions ne sont-elles pas continuellement alimentées par la crédulité des peuples, par les déférences & les respects des souverains, par les immunités, les privileges, les distinctions dont on voit jouir le clergé ? Le vulgaire est, en tout pays, bien plus dévoué à ses guides spirituels, qu'il prend pour des hommes divins, qu'à ses supérieurs temporels qu'il ne regarde que comme des hommes ordinaires. Le curé d'un village y joue un bien plus grand rôle, que le seigneur ou que le juge. Un prêtre, chez les chrétiens, se croit fort au dessus d'un roi ou d'un empereur. Un grand d'Espagne ayant parlé vivement à un moine, celui-ci lui dit arrogamment : *apprenez à respecter un homme qui a tous les jours votre Dieu dans ses mains, & votre reine à ses pieds.*

LES prêtres ont-ils donc bien le droit d'accuser les incrédules d'orgueil ? Se distinguent-ils eux-mêmes par une rare modestie, ou par une profonde humilité? N'est-il pas évident que le desir de dominer les hommes, est de l'essence même de leur métier? Si les ministres du Seigneur étoient vraiment modestes, les verroit-on si avides de respects; si prompts à s'irriter de toutes les contradictions; si décisifs, si cruels à se venger de ceux dont les opinions les blessent? La science modeste ne fait-elle pas sentir combien la vérité est difficile à démêler? Quelle autre passion qu'un orgueil effréné peut rendre des hommes si farouches, si vindicatifs, si dépourvus d'indulgence & de douceur? Quoi de plus présomptueux que d'armer des nations, & de faire couler des flots de sang pour établir ou défendre de futiles conjectures?

Vous dites, ô docteurs! que c'est la présomption qui fait seule des athées: apprenez-leur donc ce que c'est que votre Dieu; instruisez-les de son essence; parlez-en d'une façon intelligible; dites-en des choses raisonnables & qui ne soient pas ou contradictoires ou impossibles. Si vous êtes hors d'état de les satisfaire; si jusqu'ici nul d'entre vous n'a pu démontrer l'existence de Dieu d'une façon claire & convaincante; si de votre aveu son essence est aussi voilée pour vous que pour le reste des mortels; pardonnez à ceux qui ne peuvent admettre ce qu'ils ne peuvent ni entendre ni concilier; ne taxez pas de présomption ou de vanité ceux qui ont la sincérité d'avouer leur ignorance; n'accusez pas de folie ceux qui se trouvent dans l'impossibilité de croire des contradictions; & rougissez une bonne fois d'exciter la haine des peuples & la fureur des souverains contre des hommes qui ne pensent pas comme vous sur un être dont vous-mêmes n'avez aucune idée. Est-il rien de plus téméraire & de plus extravagant que de raisonner d'un objet que l'on se reconnoît dans l'impossibilité de concevoir ?

Vous nous répétez sans cesse que c'est la corruption du cœur qui produit l'athéisme, que l'on ne secoue le joug de la divinité, que parce qu'on craint ses jugements redoutables. Mais pourquoi nous peignez-vous votre Dieu sous des traits si choquants qu'ils deviennent insoutenables ? Pourquoi ce Dieu si puissant permet-il qu'il y ait des cœurs si corrompus ? Comment ne point faire des efforts pour secouer le joug d'un tyran qui, pouvant faire ce qu'il veut du cœur des hommes, consent qu'ils se pervertissent, les endurcit, les aveugle, leur refuse ses graces, afin d'avoir la satisfaction de les punir par des châtimens éternels, d'avoir été endurcis, aveuglés, & de n'avoir pas eu les graces qu'il leur a refusées ? Il faut que les théologiens & les prêtres se croient bien sûrs des graces du ciel & d'un avenir heureux, pour ne point détester un maître aussi bizarre que le Dieu qu'ils nous annoncent. Un Dieu qui damne éternellement est évidemment le plus odieux des êtres que l'esprit humain puisse inventer.

§. 189.

Nul homme sur la terre n'est véritablement intéressé au maintien de l'erreur : elle est forcée tôt ou tard de céder à la vérité. L'intérêt général finit par éclairer les mortels ; les passions elles-mêmes contribuent quelquefois à briser pour eux quelques chaînons des préjugés. Les passions de quelques souverains n'ont-elles pas anéanti depuis deux siecles, dans quelques contrées de l'Europe, le pouvoir tyrannique qu'un pontife trop altier exerçoit autrefois sur tous les princes de sa secte ? La politique, devenue plus éclairée, a dépouillé le clergé des biens immenses que la crédulité avoit accumulés dans ses mains. Cet exemple mémorable ne devroit-il pas faire sentir aux prêtres mêmes, que les préjugés n'ont qu'un temps, & que la vérité seule est capable d'assurer un bien-être solide ?

En caressant les souverains ; en leur forgeant des droits divins ; en les divinisant ; en leur livrant les peuples pieds & poings liés, les ministres du Très-haut n'ont-ils pas vu qu'ils travailloient à en faire des tyrans ? N'ont-ils donc pas lieu d'appréhender que les idoles gigantesques, qu'ils élevent jusqu'aux nues, ne les écrasent un jour eux-mêmes de leur énorme poids ? Mille exemples ne leur prouvent-ils pas qu'ils doivent craindre que ces lions déchaînés, après avoir dévoré les nations, ne les dévorent à leur tour ?

Nous respecterons les prêtres quand ils deviendront citoyens. Qu'ils se servent, s'ils peuvent, de l'autorité du ciel pour faire peur à ces princes qui sans cesse désolent la terre. Qu'ils ne leur adjugent plus le droit affreux d'être injustes impunément. Qu'ils reconnoissent que nul sujet d'un état n'est intéressé à vivre sous la tyrannie : qu'ils fassent sentir aux souverains qu'ils ne sont point intéressés eux-mêmes à exercer un pouvoir qui, les rendant odieux, nuiroit à leur propre sûreté, à leur propre puissance, à leur propre grandeur. Enfin, que les prêtres & les rois détrompés reconnoissent que nulle puissance n'est sûre, si elle ne se fonde sur la vérité, la raison & l'équité.

§. 190.

Les miniſtres des dieux, en faiſant une guerre ſanglante à la raiſon humaine, qu'ils devroient développer, agiſſent évidemment contre leurs propres intérêts. Quel ſeroit leur pouvoir, leur conſidération, leur empire ſur les hommes les plus ſages ? Quelle ſeroit la reconnoiſſance des peuples pour eux, ſi, au lieu de s'occuper de leurs diſputes vaines, ils ſe fuſſent appliqués à des ſciences vraiment utiles ; s'ils euſſent cherché les vrais principes de la phyſique, du gouvernement & des mœurs ? Qui oſeroit reprocher ſon opulence & ſon crédit à un corps qui, conſacrant ſon loiſir & ſon autorité au bien public, ſe ſerviroit de l'un pour méditer, & de l'autre pour éclairer également les eſprits des ſouverains & des ſujets ?

Prêtres ! laiſſez là vos chimeres, vos dogmes inintelligibles, vos querelles mépriſables : reléguez dans les régions imaginaires ces fantômes, qui ne pouvoient vous être utiles que dans l'enfance des nations. Prenez enfin le ton de la raiſon. Au lieu de ſonner le tocſin de la perſécution contre vos adverſaires ; au lieu d'entretenir les peuples de diſputes inſenſées ; au lieu de leur prêcher des vertus inutiles & fanatiques, prêchez-nous une morale humaine & ſociable ; prêchez-nous des vertus réellement utiles au monde ; devenez les apôtres de la raiſon, les lumieres des nations, les défenſeurs de la liberté, les réformateurs des abus, les amis de la vérité ; & nous vous bénirons, nous vous honorerons, nous vous chérirons ; tout vous aſſurera un empire éternel ſur les cœurs de vos concitoyens.

§. 191.

Les philosophes de tout temps ont pris dans les nations le rôle qui sembloit destiné aux ministres de la religion. La haine de ceux-ci pour la philosophie ne fût jamais qu'une jalousie de métier. Tous les hommes accoutumés à penser, au lieu de chercher à se nuire & à se décrier, ne devroient-ils pas réunir leurs efforts pour combattre l'erreur, pour chercher la vérité, & surtout pour mettre en fuite les préjugés dont les souverains & les sujets souffrent également, & dont les fauteurs eux-mêmes finissent tôt ou tard par être les victimes?

Entre les mains d'un gouvernement éclairé, les prêtres deviendroient les plus utiles des citoyens. Des hommes, déjà richement stipendiés par l'état, & dispensés du soin de pourvoir à leur propre subsistance, auroient-ils rien de mieux à faire que de s'instruire eux-mêmes, afin de se mettre en état de travailler à l'instruction des autres? Leur esprit ne seroit-il pas plus satisfait de découvrir des vérités lumineuses, que de s'égarer sans fruit dans d'épaisses ténèbres? Seroit-il plus difficile de démêler les principes si clairs d'une morale faite pour l'homme, que les principes imaginaires d'une morale divine & théologique? Les hommes les plus ordinaires auroient-ils autant de peine à fixer dans leurs têtes les notions simples de leurs devoirs, que de charger leur mémoire de mysteres, de mots inintelligibles, de définitions obscures, auxquels il leur est impossible de jamais rien concevoir? Que de temps & de peines perdus, pour apprendre & enseigner aux hommes des choses qui ne leur sont d'aucune utilité réelle !

Que de ressources pour l'utilité publique, pour encourager le progrès des sciences, & l'avancement des connoissances, pour l'éducation de la jeunesse, ne présenteroient pas à des souverains bien intentionnés tant de monasteres, qui, dans un grand nombre de pays, dévorent les nations sans aucuns fruits pour elles ! Mais la superstition, jalouse de son empire exclusif, semble n'avoir voulu former que des êtres inutiles. Quel parti ne pourroit-on pas tirer d'une foule de cénobites des deux sexes, que nous voyons en tant de contrées si amplement dotés pour ne rien faire ? Au lieu de les occuper de contemplations stériles, de prieres machinales, de pratiques minutieuses ; au lieu de les accabler de jeûnes & d'austérités, que n'excite-t-on entre eux une émulation salutaire qui les porte à chercher les moyens de servir utilement le monde, auquel des vœux fatals les obligent de mourir ? Au lieu de remplir dans la jeunesse les esprits de leurs éleves de fables, de dogmes stériles, de puérilités, pourquoi n'oblige-t-on, ou n'invite-t-on pas les prêtres à leur apprendre des choses vraies, & à en faire des citoyens utiles à la patrie ? De la maniere dont on éleve les hommes, ils ne sont utiles qu'au clergé qui les aveugle, & aux tyrans qui les dépouillent.

§. 192.

Les partisans de la crédulité accusent souvent les incrédules d'être de mauvaise foi, parce qu'on les voit quelquefois chanceler dans leurs principes, changer d'opinions dans la maladie, & se rétracter à la mort. Quand le corps est dérangé, la faculté de raisonner se dérange communément avec lui. L'homme infirme & caduc, aux approches de sa fin, s'apperçoit quelquefois lui-même que sa raison l'abandonne ; il sent que le préjugé revient. Il est des maladies dont le propre est d'abattre le courage, de rendre pusillanime, & d'affoiblir le cerveau ; il en est d'autres qui, en détruisant le corps, ne troublent point la raison. Quoi qu'il en soit, un incrédule qui se dédit dans la maladie, n'est ni plus rare, ni plus extraordinaire qu'un dévot qui se permet de négliger, en santé, les devoirs que sa religion lui prescrit de la façon la plus formelle.

Cléomenes, roi de Sparte, ayant montré peu de respect pour les dieux pendant le cours de son regne, devint superstitieux à la fin de ses jours ; dans la vue d'intéresser le ciel en faveur de ses jours, il fit venir auprès de lui une foule de prêtres & de sacrificateurs. Un de ses amis lui en ayant montré sa surprise : *de quoi vous étonnez-vous ?* lui dit Cléomenes ; *je ne suis plus ce que j'étois ; & n'étant plus le même, je ne puis plus penser de la même maniere.*

Les ministres de la religion démentent assez souvent dans leur conduite journaliere les principes rigoureux qu'ils enseignent aux autres, pour que les incrédules à leur tour se croient en droit de les accuser de mauvaise foi. Si quelques incrédules démentent, soit à la mort, soit durant la maladie, les opinions qu'ils soutenoient en santé, les prêtres ne démentent-ils pas, en santé, les opinions séveres de la religion qu'ils soutiennent ? Voyons-nous donc un grand nombre de prélats humbles, généreux, dépourvus d'ambition, ennemis du faste & des grandeurs, amis de la pauvreté? Enfin voyons-nous la conduite de beaucoup de prêtres chrétiens s'accorder avec la morale austere du Christ, leur Dieu & leur modele?

§. 193.

L'ATHÉISME, nous dit-on, rompt tous les liens de la société. Sans la croyance d'un Dieu, que devient la sainteté des serments? Comment lier un athée qui ne peut sérieusement attester la divinité? Mais le serment donne-t-il donc plus de force à l'obligation où nous sommes de remplir les engagements contractés? Quiconque est assez intrépide pour mentir, sera-t-il moins intrépide pour se parjurer? Celui qui est assez lâche pour manquer à sa parole, ou assez injuste pour violer ses engagements, au mépris de l'estime des hommes, n'y sera pas plus fidele pour avoir pris tous les dieux à témoins de ses serments. Ceux qui se mettent au dessus des jugements des hommes, se mettent bientôt au dessus des jugements de Dieu. Les princes ne sont-ils pas de tous les mortels les plus prompts à jurer, & les plus prompts à violer les serments qu'ils ont faits?

§. 194.

Il faut, nous dit-on sans cesse, *il faut une religion au peuple*. Si les personnes éclairées n'ont pas besoin du frein de l'opinion, il est du moins nécessaire à des hommes grossiers, en qui l'éducation n'a point développé la raison. Est-il donc bien vrai que la religion soit un frein pour le peuple? Voyons-nous que cette religion l'empêche de se livrer à l'intempérance, à l'ivrognerie, à la brutalité, à la violence, à la fraude, à toutes sortes d'excès ? Un peuple qui n'auroit aucune idée de la divinité, pourroit-il se conduire d'une façon plus détestable, que tant de peuples crédules parmi lesquels on voit régner la dissolution & les vices les plus indignes des êtres raisonnables ? Au sortir de ses temples, ne voit-on pas l'artisan ou l'homme du peuple se jeter tête baissée dans ses déréglements ordinaires, & se persuader que les hommages périodiques qu'il a rendus à son Dieu, le mettent en droit de suivre sans remords ses habitudes vicieuses & ses penchants habituels ? Enfin, si les peuples sont si grossiers & si peu raisonnables, leur stupidité n'est-elle point due à la négligence des princes, qui ne s'embarrassent aucunement de l'éducation publique, ou qui s'opposent à l'instruction de leurs sujets ? Enfin la déraison des peuples n'est-elle pas visiblement l'ouvrage des prêtres, qui, au lieu d'instruire les hommes dans une morale sensée, ne les entretiennent jamais que de fables, de rêveries, de pratiques, de chimeres & de fausses vertus dans lesquelles ils font tout consister ?

La religion n'est pour le peuple qu'un vain appareil de cérémonies, auquel il tient par habitude, qui amuse ses yeux, qui remue passagérement son esprit engourdi, sans influer sur sa conduite, & sans corriger ses mœurs : de l'aveu même des ministres des autels, rien de plus rare que cette religion *intérieure* & *spirituelle*, qui seule est capable de régler la vie de l'homme & de triompher de ses penchants. En bonne foi, dans le peuple le plus nombreux & le plus dévot, est-il bien des têtes capables de savoir les principes de leur système religieux, & qui leur trouvent assez de force pour étouffer leurs inclinations perverses ?

Bien des gens nous diront qu'il vaut mieux avoir un frein quelconque, que de n'en avoir aucun. Ils prétendront que si la religion n'en impose pas au grand nombre, elle sert au moins à contenir quelques individus, qui, sans elle, se livreroient au crime sans remords. Il faut, sans doute, un frein aux hommes, mais il ne leur faut pas un frein imaginaire ; il leur faut des freins réels & visibles, il leur faut des craintes véritables, bien plus propres à les contenir, que des terreurs paniques & des chimeres. La religion ne fait peur qu'à quelques esprits pusillanimes que la foiblesse de leur caractere rend déjà peu redoutables à leurs concitoyens. Un gouvernement équitable, des loix séveres, une morale bien saine en imposent également à tout le monde ; il n'est au moins personne qui ne soit forcé d'y croire, & qui ne sente le danger de ne s'y pas conformer.

§. 195.

On demande peut-être si l'athéisme raisonné peut convenir à la multitude. Je réponds que tout système qui demande de la discussion, n'est pas fait pour la multitude. A quoi peut donc servir de prêcher l'athéisme ? Cela peut au moins faire sentir à tous ceux qui raisonnent, que rien n'est plus extravagant que de s'inquiéter soi-même, & que rien n'est plus injuste que d'inquiéter les autres pour des conjectures destituées de fondement. Quant au vulgaire, qui jamais ne raisonne, les arguments d'un athée ne sont pas plus faits pour lui, que les systêmes d'un physicien, les obser-
vations

vations d'un astronome, les expériences d'un chymiste, les calculs d'un géometre, les recherches d'un médecin, les desseins d'un architecte, les plaidoyers d'un avocat, qui tous travaillent pour le peuple à son insu.

Les arguments métaphysiques de la théologie & les disputes religieuses qui occupent depuis long-temps tant de profonds rêveurs, sont-ils donc plus faits pour le commun des hommes, que les arguments d'un athée? Bien plus, les principes de l'athéisme, fondés sur le bon sens naturel, ne sont-ils pas plus intelligibles que ceux d'une théologie que nous voyons hérissée de difficultés insolubles pour les esprits, même les plus exercés ? Le peuple en tout pays possede une religion, à laquelle il n'entend rien, qu'il n'examine point, & qu'il suit par routine ; ses prêtres s'occupent seuls de la théologie, trop sublime pour lui. Si par hasard le peuple venoit à perdre cette théologie inconnue, il pourroit se consoler de la perte d'une chose qui non-seulement lui est parfaitement inutile, mais encore, qui produit en lui des fermentations très-dangereuses.

Ce seroit une entreprise bien folle que d'écrire pour le vulgaire, ou de prétendre tout d'un coup le guérir de ses préjugés. On n'écrit que pour ceux qui lisent & qui raisonnent ; le peuple ne lit guere & raisonne encore moins. Les personnes sensées & paisibles s'éclairent ; les lumieres se répandent peu à peu, & parviennent à la longue à frapper les yeux du peuple même. D'un autre côté, ceux qui trompent les hommes, ne prennent-ils pas souvent eux-mêmes le soin de les détromper?

§. 196.

Si la théologie est une branche de commerce utile aux théologiens, il est très-démontré qu'elle est & superflue & nuisible au reste de la société. L'intérêt des hommes parvient à leur dessiller les yeux tôt ou tard. Les souverains & les peuples reconnoîtront, sans doute, un jour, l'indifférence & le profond mépris que mérite une science futile qui ne sert qu'à troubler les hommes, sans les rendre meilleurs. On sentira l'inutilité de tant de pratiques dispendieuses qui ne contribuent nullement à la félicité publique ; on rougira de tant de querelles pitoyables qui cesseront d'altérer la tranquillité des états, dès qu'on cessera d'y attacher une importance ridicule.

Princes ! au lieu de prendre part aux combats insensés de vos prêtres ; au lieu d'épouser follement leurs querelles impertinentes ; au lieu de prétendre soumettre tous vos sujets à des opinions uniformes, occupez-vous de leur bonheur en ce monde, & ne vous inquiétez pas du sort qui les attend dans un autre. Gouvernez-les équitablement ; donnez-leur de bonnes loix ; respectez leur liberté & leur propriété ; veillez à leur éducation ; encouragez-les dans leurs travaux ; récompensez leurs talents & leurs vertus ; réprimez la licence, & ne vous occupez pas de leur façon de penser sur des objets inutiles & pour eux & pour vous : alors vous n'aurez plus besoin de fiction pour vous faire obéir ; vous deviendrez les seuls guides de vos sujets ; leurs idées seront uniformes sur les sentiments d'amour & de respect qui vous seront dus. Les fables théologiques ne sont utiles qu'aux tyrans qui méconnoissent l'art de régner sur des êtres raisonnables.

§. 197.

Faut-il donc de puissants efforts de génie, pour comprendre que ce qui est au dessus de l'homme, n'est pas fait pour des hommes; que ce qui est surnaturel, n'est pas fait pour des êtres naturels; que des mystères impénétrables ne sont pas faits pour des esprits bornés ? Si des théologiens sont assez foux pour disputer entre eux sur des objets qu'ils reconnoissent inintelligibles pour eux-mêmes, la société doit-elle donc prendre part à leurs folles querelles ? Faut-il donc que le sang des peuples coule pour faire valoir les conjectures de quelques rêveurs entêtés? S'il est très-difficile de guérir les théologiens de leur manie, & les peuples de leurs préjugés, il est au moins très-facile d'empêcher que les extravagances des uns & la sottise des autres ne produisent des effets pernicieux. Qu'il soit permis à chacun de penser comme il voudra; mais qu'il ne lui soit jamais permis de nuire pour sa façon de penser. Si les chefs des nations étoient plus justes & plus sensés, les opinions théologiques n'intéresseroient pas plus la tranquillité publique, que les disputes des physiciens, des médecins, des grammairiens & des critiques. C'est la tyrannie des princes qui fait que les querelles théologiques ont des conséquences sérieuses pour les états. Quand les rois cesseront de se mêler de théologie, les disputes des théologiens ne seront plus à craindre.

Ceux qui nous vantent si fort l'importance & l'utilité de la religion, devroient bien nous montrer les heureux effets qu'elle produit & les avantages que les disputes & les spéculations abstraites de la théologie peuvent procurer aux portefaix, aux artisans, aux laboureurs, aux harangeres, aux femmes, & à tant de valets corrompus dont nous voyons les grandes villes remplies. Les gens de cette espece ont tous de la religion; ils ont ce qu'on appelle *la foi du charbonier;* leurs curés croient pour eux; ils adherent de bouche à la croyance inconnue de leurs guides; ils écoutent assidument les sermons, ils assistent réguliérement aux cérémonies; ils croiroient faire un grand crime de transgresser aucunes des ordonnances auxquelles, dès leur enfance, on leur a dit de se conformer. Quel bien pour les mœurs résulte-t-il de tout cela? Aucun; ils n'ont nulle idée de la morale, & vous les voyez se permettre toutes les fripponneries, les fraudes, les rapines & les excès que la loi ne punit pas.

Le peuple dans le vrai n'a nulle idée de sa religion: ce qu'il appelle religion, n'est qu'un attachement aveugle à des opinions inconnues & à des pratiques mystérieuses. Dans le fait, ôter la religion au peuple, c'est ne lui rien ôter. Si l'on parvenoit à ébranler ou à guérir ses préjugés, on ne feroit que diminuer ou anéantir la confiance dangereuse qu'il a dans des guides intéressés, & lui apprendre à se défier de ceux qui, sous prétexte de religion, le portent très-souvent à des excès funestes.

§. 198.

Sous prétexte d'instruire & d'éclairer les hommes, la religion les retient réellement dans l'ignorance, & leur ôte jusqu'au desir de connoître les objets qui les intéressent le plus. Il n'existe point pour les peuples d'autre regle de conduite, que celle qu'il plaît à leurs prêtres de leur indiquer. La religion tient lieu de tout; mais, ténébreuse elle-même, elle est plus propre à égarer les mortels, qu'à les guider dans la route de la science & du bonheur : la physique, la morale, la législation, la politique sont des énigmes pour eux. L'homme aveuglé par ses préjugés religieux, est dans l'impossibilité de connoître sa propre nature, de cultiver sa raison, de faire des expériences; il craint la vérité, dès quelle ne s'accorde pas avec ses opinions. Tout concourt à rendre les peuples dévots, mais tout s'oppose à ce qu'ils soient humains, raisonnables, vertueux. La religion ne semblent avoir pour objet que de rétrécir le cœur & l'esprit des hommes.

La guerre qui subsista toujours entre les prêtres & les meilleurs esprits de tous les siecles, vient de ce que les sages s'apperçurent des entraves que la superstition voulut donner en tout temps à l'esprit humain, qu'elle prétendit retenir dans une enfance éternelle : elle ne l'occupa que de fables; elle l'accabla de terreurs; elle l'effraya par des fantômes qui l'empêcherent de marcher en avant. Incapable de se perfectionner elle-même, la théologie opposa des barrieres insurmontables aux progrès des connoissances véritables; elle ne parut occupée que du soin de tenir les nations & leurs chefs dans l'ignorance la plus profonde de leurs vrais intérêts, de leurs rapports, de leurs devoirs, des motifs réels qui peuvent les porter à bien faire. Elle ne fait qu'obscurcir la morale, rendre ses principes arbitraires, la soumettre aux caprices des dieux ou de leurs ministres. Elle convertit l'art de gouverner les hommes, en une tyrannie mystérieuse qui devient le fléau des nations. Elle change les princes, en des despotes injustes & licencieux, & les peuples, en des esclaves ignorants qui se corrompent pour mériter la faveur de leurs maîtres.

§. 199.

Pour peu qu'on se donne la peine de suivre l'histoire de l'esprit humain, on reconnoîtra sans peine que la théologie s'est bien gardé d'en reculer les bornes. Elle commença d'abord par le repaître de fables qu'elle débita comme des vérités sacrées; elle fit éclorre la poésie, qui remplit l'imagination des peuples de ses fictions puériles: elle ne les entretint que de ses dieux & de leurs faits incroyables; en un mot, la religion traita toujours les hommes comme des enfants qu'elle endormit par des contes, que ses ministres voudroient continuer à faire encore passer pour des vérités incontestables.

Si les ministres des dieux firent quelquefois des découvertes utiles, ils eurent toujours soin de leur donner un ton énigmatique, & de les envelopper des ombres du mystere. Les Pythagore & les Platon, pour acquérir quelques futiles connoissances, furent obligés de ramper aux pieds des prêtres, de se faire initier à leurs mysteres, d'essuyer les épreuves qu'ils voulurent leur imposer : c'est à ce prix qu'il leur fut permis de puiser leurs notions exaltées, si séduisantes encore pour tous ceux qui n'admirent que ce qui est parfaitement inintelligible. Ce fut chez des prêtres Egyptiens, Indiens, Chaldéens; ce fut dans les écoles de ces rêveurs, intéressés par état à dérouter la raison humaine, que la philosophie fut obligée d'emprunter ses premiers rudiments : obscure ou fausse dans ses principes ; mêlée de fictions & de fables ; uniquement faite pour éblouir l'imagination, cette philosophie ne marcha qu'en chancelant, & ne fit que balbutier ; au lieu d'éclairer l'esprit, elle l'aveugla & le détourna d'objets vraiment utiles.

Les spéculations théologiques & les rêveries mystiques des anciens, sont même de nos jours en possession de faire la loi dans une grande partie du monde philosophique : adoptées par la théologie moderne, on ne peut encore s'en écarter sans hérésie. Elles nous entretiennent d'*êtres aériens*, d'*esprits*, d'*anges*, de *démons*, de *génies*, & d'autres fantômes qui sont l'objet des méditations de nos plus profonds penseurs, & qui servent de base à la *métaphysique*, science abstraite & futile sur laquelle les plus grands génies se sont vainement exercés depuis des milliers d'années. Ainsi des hypothèses, imaginées par quelques rêveurs de Memphis & de Babylone, demeurent les fondements d'une science révérée pour son obscurité, qui la fait passer pour merveilleuse & divine.

Les premiers législateurs des nations furent des prêtres ; les premiers mythologues & poëtes furent des prêtres ; les premiers savants furent des prêtres ; les premiers médecins furent des prêtres : entre leurs mains la science devint une chose sacrée, interdite aux profanes : ils ne parlerent que par des allégories, des emblêmes, des énigmes, des oracles ambigus ; moyens très-propres à exciter la curiosité, à faire travailler l'imagination, & sur-tout à inspirer au vulgaire étonné un saint respect pour des hommes que l'on crut instruits par le ciel, capables d'y lire les destinées de la terre, & qui se donnoient hardiment pour les organes de la divinité.

§. 200.

Les religions de ces prêtres antiques ont disparu, ou plutôt elles n'ont fait que changer de forme. Quoique nos théologiens modernes les regardent comme des imposteurs, ils ont eu soin de recueillir bien des fragments épars de leurs systêmes religieux, dont l'ensemble n'existe plus pour nous : nous retrouvons encore dans nos religions modernes, non-seulement leurs dogmes métaphysiques que la théologie n'a fait que r'habiller d'une autre façon, mais encore nous y voyons des restes remarquables de leurs pratiques superstitieuses, de leur théurgie, de leur magie, de leurs enchantements. On ordonne encore aux chrétiens de méditer avec respect les monuments qui leur restent des législateurs, des prêtres, des *prophetes* de la religion Hébraïque qui, selon les apparences, avoit emprunté de l'Egypte les notions bizarres dont nous la voyons remplie. Ainsi des extravagances, imaginées par des fourbes ou des rêveurs idolâtres, sont encore des opinions sacrées pour les chrétiens.

Pour peu que l'on jette les yeux sur l'histoire, on trouve des conformités frappantes entre toutes les religions des hommes. Par toute la terre on voit les notions religieuses affliger & réjouir périodiquement les peuples; par-tout on voit des rites, des pratiques souvent abominables, des mystères redoutables occuper les esprits & devenir les objets de leurs méditations. On voit les différentes superstitions emprunter les unes des autres, & leurs rêveries abstraites, & leurs cérémonies. Les religions ne sont pour l'ordinaire que des rapsodies informes combinées par de nouveaux docteurs qui, pour les composer, se sont servis des matériaux de leurs prédécesseurs, en se réservant le droit d'ajouter ou de retrancher ce qui ne convenoit point à leurs vues présentes. La religion d'Egypte servit évidemment de base à la religion de Moïse, qui en bannit le culte des idoles; Moïse ne fut qu'un Egyptien schismatique. Le christianisme n'est qu'un judaïsme réformé. Le mahométisme est composé du judaïsme, du christianisme & de l'ancienne religion d'Arabie, &c.

§. 201.

DEPUIS l'antiquité la plus reculée jusqu'à nous, la théologie fut seule en possession de régler la marche de la philosophie : quels secours lui a-t-elle prêtés ? Elle la changea en un jargon inintelligible, propre à rendre incertaines les vérités les plus claires ; elle convertit l'art de raisonner, en une science de mots ; elle jeta l'esprit humain dans les régions aériennes de la métaphysique, où il s'occupa sans succès à sonder des abymes inutiles & dangereux. Aux causes physiques & simples, cette philosophie substitua des causes surnaturelles, ou plutôt des causes vraiment *occultes* : elle expliqua des phénomenes difficiles par des agents plus inconcevables que ces phénomenes : elle remplit le discours de mots vuides de sens, incapables de rendre raison des choses, plus propres à obscurcir qu'à éclairer, & qui ne semblent inventés que pour décourager l'homme, le mettre en garde contre les forces de son esprit, lui donner de la défiance contre les principes de la raison & de l'évidence, & entourer la vérité d'un rempart insurmontable.

§. 202.

Si l'on vouloit en croire les partisans de la religion, sans elle rien ne pourroit s'expliquer dans le monde; la nature seroit une énigme continuelle; l'homme seroit dans l'impossibilité de se comprendre lui-même. Mais au fond, qu'est-ce que cette religion nous explique? Plus on l'examine, & plus on trouve que ses notions théologiques ne sont propres qu'à embrouiller toutes nos idées; elles changent tout en mysteres; elles nous expliquent des choses difficiles par des choses impossibles. Est-ce donc expliquer les choses que de les attribuer à des agents inconnus, à des puissances invisibles, à des causes immatérielles? L'esprit humain est-il bien éclairci quand, dans son embarras, on le renvoie *aux profondeurs des trésors de la sagesse divine*, sur lesquelles on lui répete à tout moment qu'il porteroit en vain ses regards téméraires? La nature divine, à laquelle on ne conçoit rien, peut-elle faire concevoir la nature de l'homme que l'on trouve déjà si difficile à expliquer?

Demandez à un philosophe chrétien quelle est l'origine du monde: il vous répondra que c'est Dieu qui a créé l'univers. Qu'est-ce que Dieu? On n'en sait rien. Qu'est-ce que créer?

On n'en a nulle idée. Quelle est la cause des pestes, des famines, des guerres, des sécheresses, des inondations, des tremblements de terre ? C'est la colere de Dieu. Quels remedes opposer à ces calamités ? Des prieres, des sacrifices, des processions, des offrandes, des cérémonies sont, nous dit-on, les vrais moyens de désarmer la fureur céleste. Mais pourquoi le ciel est-il en courroux ? C'est que les hommes sont méchants. Pourquoi les hommes sont-ils méchants ? C'est que leur nature est corrompue. Quelle est la cause de cette corruption ? C'est, vous dit aussi-tôt un théologien d'Europe, parce que le premier homme, séduit par la premiere femme, a mangé d'une pomme à laquelle son Dieu lui avoit défendu de toucher. Qui est-ce qui engagea cette femme à faire une telle sottise ? C'est le diable. Mais qui a créé le diable ? C'est Dieu. Pourquoi Dieu a-t-il créé ce diable, destiné à pervertir le genre humain ? On n'en sait rien, c'est un mystere caché dans le sein de la divinité.

La terre tourne-t-elle autour du soleil ? Il y a deux siecles que le physicien dévot vous auroit répondu qu'on ne pouvoit le penser sans blasphême, vu qu'un pareil systême ne pouvoit s'accorder avec les livres saints que tout chrétien révere comme inspirés par la divinité même. Qu'en pense-t-on aujourd'hui ? Nonobstant l'inspiration divine, les philosophes chrétiens sont enfin parvenus à s'en rapporter plutôt à l'évidence qu'au témoignage de leurs livres inspirés.

Quel est le principe caché des actions & des mouvemens du corps humain ? C'est l'ame. Qu'est-ce qu'une ame ? C'est un esprit. Qu'est-ce qu'un esprit ? C'est une substance qui n'a ni forme, ni couleur, ni étendue, ni parties. Comment une telle substance peut-elle se concevoir ? Comment peut-elle mouvoir un corps ? On n'en sait rien, c'est un mystere. Les bêtes ont-elles des ames ? Le Cartésien vous assure que ce sont des machines. Mais ne les voyons-nous pas agir, sentir, penser d'une façon très-semblable à l'homme ? Illusion pure. Mais de quel droit privez-vous les bêtes de l'ame que, sans y rien connoître, vous attribuez à l'homme ? C'est que les ames des bêtes embarrasseroient nos théologiens qui, contents de pouvoir effrayer & damner les ames immortelles des hommes, n'ont pas le même intérêt à damner celles des bêtes. Telles sont les solutions puériles que la philosophie, toujours menée en lisieres par la théologie, fut obligée d'enfanter pour expliquer les problêmes du monde physique & moral.

§. 293.

COMBIEN de subterfuges & de tours de force tous les penseurs anciens & modernes n'ont-ils pas employés pour éviter de se mettre aux prises avec les ministres des dieux, qui furent dans tous les temps les vrais tyrans de la pensée ! Combien les Descartes, les Mallebranche, les Leibnitz & tant d'autres ont-ils été forcés d'imaginer d'hypotheses & de détours, afin de concilier leurs découvertes avec les rêveries & les bévues que la religion avoit rendu sacrées ! Avec quelles précautions les plus grands philosophes ne se sont-ils pas enveloppés, au risque même d'être absurdes, inconséquents, inintelligibles, toutes les fois que leurs idées ne s'accordoient pas avec les principes de la théologie ? Des prêtres vigilants furent toujours attentifs à éteindre les systêmes qui ne pouvoient cadrer avec leurs intérêts. La théologie fut en tout temps le lit de Procuste sur lequel ce brigand étendoit les étrangers ; il leur coupoit les membres, quand ils étoient plus longs, ou les faisoit alonger par des chevaux, quand ils étoient plus courts que le lit sur lequel il les forçoit de se placer.

„ Quel est l'homme sensé, fortement épris de l'amour des sciences, intéressé au bien-être des humains, qui puisse réfléchir sans dépit & sans douleur à la perte de tant de têtes profondes, laborieuses & subtiles qui, depuis des siècles, se sont follement épuisées sur des chimeres toujours inutiles & très-souvent nuisibles à notre espece ? Que de lumieres n'auroient pas pu jeter dans les esprits, tant de penseurs fameux, si, au lieu de s'occuper d'une vaine théologie & de ses disputes impertinentes, ils eussent porté leur attention sur des objets intelligibles & vraiment importants pour les hommes ? La moitié des efforts qu'ont coûté au génie les opinions religieuses, la moitié des dépenses qu'ont coûté aux nations leurs cultes frivoles, n'auroient-elles pas suffi pour les éclairer parfaitement sur la morale, la politique, la physique, la médecine, l'agriculture, &c. ? La superstition absorbe presque toujours l'attention, l'admiration & les trésors des peuples ; ils ont une religion très-coûteuse ; mais ils n'ont pour leur argent ni lumieres, ni vertus, ni bonheur.

§. 204.

Quelques philosophes anciens & modernes ont eu le courage de prendre l'expérience & la raison pour guides, & de s'affranchir des chaînes de la superstition. Leucippe, Démocrite, Epicure, Straton & quelques autres Grecs ont osé déchirer le voile épais du préjugé, & délivrer la philosophie des entraves théologiques. Mais leurs systêmes trop simples, trop sensibles, trop dénués de merveilleux pour des imaginations amoureuses de chimeres, furent obligés de céder aux conjectures fabuleuses des Platon, des Socrate, des Zénon. Chez les modernes Hobbes, Spinosa, Bayle, &c. ont marché sur les traces d'Epicure, mais leur doctrine ne trouva que très-peu de sectateurs dans un monde encore trop enivré de fables pour écouter la raison.

Dans tous les âges, on ne put, sans un danger imminent, s'écarter des préjugés que l'opinion avoit rendu sacrés. Il ne fut point permis de faire des découvertes en aucun genre ; tout ce que les hommes les plus éclairés ont pu faire, a été de parler à mots couverts, & souvent, par une lâche complaisance, d'allier honteusement le mensonge à la vérité. Plusieurs eurent une *double doctrine*, l'une publique & l'autre cachée ; la clef de cette derniere s'étant perdue, leurs sentimens véritables deviennent souvent intelligibles, & par conséquent inutiles pour nous.

Comment les philosophes modernes à qui, sous peine d'être persécutés de la façon la plus cruelle, l'on crioit de renoncer à la raison, de la soumettre à la foi, c'est-à-dire, à l'autorité des prêtres ; comment, dis-je, des hommes ainsi liés auroient-ils pu donner un libre essor à leur génie, perfectionner la raison, accélérer la marche de l'esprit humain ? Ce ne fut qu'en tremblant que les plus grands hommes entrevirent la vérité ; très-rarement eurent-ils le courage de l'annoncer ; ceux qui ont osé le faire, ont été communément punis de leur témérité. Graces à la religion, il ne fut jamais permis de penser tout haut, ou de combattre les préjugés dont l'homme est par-tout la victime & la dupe.

§. 205.

TOUT homme qui a l'intrépidité d'annoncer des vérités au monde, est sûr de s'attirer la haine des ministres de la religion ; ceux-ci appellent à grands cris les puissances à leur secours ; ils ont besoin de l'assistance des rois pour soutenir & leurs arguments & leurs dieux. Ces clameurs ne décelent que trop la foiblesse de leur cause.

On est dans l'embarras quand on crie au secours.

IL n'est point permis d'errer en matiere de religion : sur tout autre objet on se trompe impunément ; on a pitié de ceux qui s'égarent, & l'on sait quelque gré aux personnes qui découvrent des vérités nouvelles ; mais dès que la théologie se juge intéressée, soit dans les erreurs, soit dans les découvertes, un saint zéle s'allume, les souverains exterminent, les peuples entrent en frénésie, les nations sont en rumeur sans savoir pourquoi.

Est-il rien de plus affligeant, que de voir la félicité publique & particuliere dépendre d'une science futile, dépourvue de principes, qui n'eut jamais de base que dans l'imagination malade, qui ne présente à l'esprit que des mots vuides de sens ? En quoi peut consister l'utilité si vantée d'une religion que personne ne peut comprendre, qui tourmente sans cesse ceux qui ont la simplicité de s'en occuper, qui est incapable de rendre les hommes meilleurs, & qui souvent leur fait un mérite d'être injustes & méchants ? Est-il une folie plus déplorable, & qui doive être plus justement combattue, que celle qui, loin de procurer aucun bien à la race humaine, ne fait que l'aveugler, lui causer des transports, la rendre misérable en la privant de la vérité qui seule peut adoucir la rigueur de son sort ?

§. 206.

La religion n'a fait en tout temps que remplir l'esprit de l'homme de ténebres, & le retenir dans l'ignorance de ses vrais rapports, de ses vrais devoirs, de ses intérêts véritables. Ce n'est qu'en écartant ses nuages & ses fantômes que nous découvrirons les sources du vrai, de la raison, de la morale, & les motifs réels qui doivent nous porter à la vertu. Cette religion nous donne le change, & sur les causes de nos maux, & sur les remedes naturels que nous pourrions y appliquer : loin de les guérir, elle ne peut que les aggraver, les multiplier & les rendre plus durables. Disons donc avec un célebre moderne, *la théologie est la boîte de Pandore ; & s'il est impossible de la refermer, il est au moins utile d'avertir que cette boîte si fatale est ouverte* (14).

―――――――――――――
(14) Mylord Bolingbroke dans ses *œuvres posthumes*.

F I N.

VRAI SENS
DU SYSTÊME
DE LA
NATURE.

Ouvrage posthume de M. HELVETIUS.

———

A LONDRES.
═══════
M. DCC. LXXIV.